DES

# RÉACTIONS POLITIQUES

ET DES

# COUPS D'ÉTAT.

« Il semble que, pour abattre l'orgueil des hommes, Dieu ait
» pris plaisir à répandre la même confusion dans leurs lois que
» dans leurs langues ; et la loi, qui, comme la parole, n'est donnée
» aux hommes que pour les réunir, est devenue, comme la pa-
» role, le signe et souvent le sujet de leurs divisions. »

Le chancelier DAGUESSEAU.

Imprimerie de F. Parent, éditeur,
A BRUXELLES.

# DES
# RÉACTIONS POLITIQUES
ET DES
# COUPS D'ÉTAT;

PRÉCÉDÉS D'UN

COUP D'OEIL RÉTROSPECTIF SUR QUELQUES HOMMES CÉLÈBRES DU XVIII<sup>e</sup> SIÈCLE,

CONSIDÉRÉS COMME ÉCRIVAINS POLITIQUES;

Par M. de Hoffmanns,

D. L. A. S. D. N.



Bruxelles,
LIBRAIRIE DE DEPREZ-PARENT,
15, RUE DE LA VIOLETTE.

Paris,
BROCKHAUS ET AVENARIUS, 69. RUE RICHELIEU.
LEIPZIG. — MÊME MAISON.

1843.

# PRÉFACE.

Cette publication se compose de plusieurs parties distinctes, qui ne laissent pas cependant de former entre elles un ensemble assez homogène, malgré leur apparente disparité. Nous ne dirons point quelle circonstance y a donné lieu, cela ne serait d'aucun intérêt pour la plupart des lecteurs ; mais nous donnerons quelque explication sur chacune des parties de ce mélange, arbitraire ou judicieux, il n'importe, pourvu qu'il convienne et que l'on en apprécie l'utilité et le but.

D'abord, le *Coup d'œil rétrospectif sur quelques hommes célèbres du* XVIII^e *siècle, considérés comme écrivains politiques,* et qui sert de *Discours préliminaire,* est un morceau mixte qui ne voit pas le jour pour la première fois ; mais que nous reproduisons avec de nouveaux développements.

I. Les observations sur les *Réactions politiques,* sont presque littéralement empruntées de l'une des plus anciennes productions de Benjamin Constant ; c'est assez en indiquer le mérite et la portée. Pour les adapter à notre cadre, il a fallu les disposer dans un ordre un peu différent de celui dans lequel on les avait primitivement rangées, et en distraire tout ce qui n'était pas de principe rigoureux, tout ce qui avait trait à des temps qui ne sont plus et dont il n'est pas absolument indispensable de rappeler le souvenir.

Benjamin Constant n'appartenait pas à cette école politique dont M. de Talleyrand eut la triste gloire d'être le type et dont il est encore le modèle; école qui ne reconnaît aux principes qu'une valeur de circonstance, parce qu'ils ne sont pour elle que des moyens que ses adeptes entendent faire agir à leur gré, suivant que leurs intérêts ou leurs passions les y convient. Il suffira pour en être persuadé de lire les articles intitulés : *des Principes*, et *de l'Arbitraire* (pag. 42 et 55).

II. Les Réflexions sur les *Coups d'Etat* ne sont pas plus un extrait ou une paraphrase rajeunie des *Considérations politiques* de Gabriel Naudé, *sur les Coups d'Estat,* qu'une imitation quelconque de ce livre malencontreux, raccordée au temps présent. Autre époque, autres hommes, autres doctrines.

Gabriel Naudé, à l'aide d'une érudition de bibliothécaire, s'est ingénié à torturer la raison et l'histoire pour faire l'apologie des Coups d'Etat. Il dédia ce bel œuvre, *qui ne fut pas,* dit-il, *composé pour plaire à tout le monde*, et dont on ne fit d'abord (en 1639) qu'une publication furtive (in-4°) [1], *à l'Eminentissime cardinal de Bagni, son très-bon et très-honoré maître*, comme il le nomme, *alors que cet illustre prélat*, qui avait été nonce du pape Urbain VIII, en France, *jouissait à Rome des honneurs qu'il avait mérités par sept gouvernements, par une vice-légation, et par deux nonciatures* [2].

Contrairement à l'exemple de ce savant fourvoyé, nous nous sommes attachés, ainsi que l'avait fait Etienne AIGNAN, M. J.-B. DUVERGIER et quelques autres judicieux publicistes, à considérer ces entreprises subversives de toute règle d'équité, de tout droit, sous le seul point de vue rationnel où il convient de les examiner aujourd'hui, celui de la légalité, de la justice.

« [1] Aussi, dit Gabriel NAUDÉ, n'est-ce pas pour rendre cet ouvrage public qu'il a esté mis sous la presse; elle n'a roulée que par commandement, et pour la satisfaction de ce grand prélat (*le cardinal de Bagni*) qui n'a ses lectures agréables, que dans la facilité des livres imprimés; et qui pour cette cause a voulu faire tirer *une douzaine d'exemplaires* de celuy-ci, au lieu de copies manuscrites qu'il en faudrait faire. » — Cette assertion *naudéenne* est inexacte, quant au nombre d'exemplaires, suivant M. J.-C. BRUNET, et l'on peut croire que le nombre réel de cette édition principale fut au moins de cent.

[2] G. NAUDÉ, Avertissement et Epître dédicatoire.

D'après la maxime : « Les princes commandent » aux peuples, et l'intérêt commande aux princes, » Gabriel NAUDÉ a voulu prouver que *les Coups d'Etat sont justes et nécessaires,* et que les princes doivent y recourir quand leur intérêt l'exige..... On comprendra aisément que nous ne pouvions pas être de cet avis. Malheur aux princes qui ont un intérêt opposé à celui de leurs peuples ! Henri III, roi de Castille, disait souvent qu'il avait plus peur des imprécations de son peuple, que des armes de ses ennemis, et il avait raison.

Contrairement encore à G. NAUDÉ, notre faible labeur est plutôt une suite d'aperçus, qu'une dissertation *ex-professo* ou doctorale, sur le thème des Coups d'Etat, farcie de citations latines et élaborée en style pédantesque à l'instar du doyen *prime-sautier* des gardes de la *Bibliothèque mazarinienne,* ce vaste tombeau des produits de l'esprit humain, devenu l'apanage des sinécuristes et des invalides de l'écrivaillerie de tous les régimes, où l'urbanité et le savoir obligeant ont rarement fait élection de domicile. Tous les bibliothécaires ne sont pas des VAN PRAET !

Nous avons réuni dans l'*Appendice,* trois fragments que l'on verra peut-être avec quelque satisfaction : c'est 1° le *Formulaire* adopté par l'assemblée du Tiers-Etat, durant la tenue des

États-Généraux de 1614-1615; 2° une digression sur l'*origine du Parlement* de France, et 3° des notes critiques sur les *Intrigues de cour,* que nous avons tirées du *Testament politique* du comte Ferrand.

Nous n'ajouterons qu'un mot à ce simple exposé, c'est que si l'esprit humain est lent à découvrir la vérité, il est plus lent encore à se dégager de l'erreur.

Bruxelles, le 31 janvier 1843.

# DISCOURS PRÉLIMINAIRE.

# DISCOURS PRÉLIMINAIRE.

**Coup d'œil rétrospectif sur quelques hommes célèbres du XVIIIe siècle, considérés comme écrivains politiques.**

> « Il ne faut, pour trouver la vérité, ni
> » creuser dans les abîmes, ni s'élever au-
> » dessus des airs ; il ne faut que l'écouter
> » au-dedans de nous-mêmes. »
>
> (MASSILLON.)

Les anciens divisaient l'étude de la morale en trois parties : la première embrassait l'*éthique*, ou morale par excellence ; la seconde l'*économique*, ou morale pratique, et la troisième la *politique*, ou la morale de la vie.

Comme la félicité et la perfection de l'homme sont les deux fins de l'*éthique*, le bien-être de la famille devient le but de l'*économique*, et le bien général de l'Etat, de la société ou de l'ensemble l'objet de la *politique*.

Voilà ce que les publicistes moralistes feraient bien de distinguer toujours dans leurs écrits et le point où leurs pensées devraient nécessairement converger : car partout l'erreur et le mensonge enfantent des systèmes nouveaux, et de longs malheurs apprennent aux peuples combien il est dangereux de les adopter.

I.

L'étude de la morale par excellence, de l'économique et de la politique, n'est pas indépendante des habitudes et des dispositions naturelles de ceux qui s'y consacrent : elle exige une certaine gravité de caractère, de l'esprit d'ordre, et beaucoup d'application. Quiconque est naturellement passionné n'obtiendra jamais aucun résultat réel en morale, en politique, s'il ne parvient à dominer la fougue de ses penchants.

Socrate et ses disciples s'appliquaient presque exclusivement à l'étude de la morale ; Pythagore la chérissait plus que toutes les autres sciences : il disait — que celles qui ne guérissent aucune passion sont aussi inutiles que la médecine empirique qui ne guérit aucune maladie. Ces hommes célèbres ne se sont rendus si recommandables, n'ont acquis le surnom de SAGES, que parce qu'ils excellaient dans la pratique et l'enseignement de la morale universelle.

II.

Si la plupart des hommes qui ont marqué dans les révolutions sociales des temps modernes, se sont trompés si souvent et si complétement, c'est qu'ils portaient toutes les passions de leur âme, là où la première vertu était un sang-froid imperturbable et digne comme fut celui de Boissy-d'Anglas, assis sur la chaise curule de la sanglante Convention, quand les tueurs de cette horrible époque lui présentèrent la tête du malheureux Ferraud ! Si quelques-uns des révolutionnaires sont devenus des hommes habiles, et s'ils ont regagné de l'estime, en dépit des préventions qui s'élevaient contre eux, c'est que les événements ont corrigé leur pétulance, et, n'agissant plus au hasard et avec passion, de fougueux exaltés, de déclamateurs insensés qu'ils étaient, ils devinrent calmes et politiques ; ils finirent par bien marcher, parce qu'ils n'avançaient plus qu'éclairés par l'expérience et la réflexion.

Le penseur spéculatif qui n'a jamais manié les affaires d'Etat, croit pouvoir tout astreindre à la théorie politique qu'il s'est faite, et il n'hésite pas, pour la soutenir, à provoquer des crises qui ne seraient que déplorables si elles ne se changeaient presque toujours en désastres. Avec des principes abstraits dont on tire des conséquences forcées, il est possible de paraître habile logicien et d'être fort mauvais législateur. Et pourquoi ? Bossuet nous l'apprend, en parlant des grands promoteurs de la Réforme : « C'est qu'en ces occasions, plus on a d'esprit, » plus on se trompe, parce que plus on a d'esprit plus on invente » et plus on hasarde. » Ces mots d'un grand sens sont parfaitement d'accord avec la raison et l'histoire.

## III.

Voltaire, cette personnification si caractéristique, si expressive, du dix-huitième siècle ; Voltaire dont on a tant parlé, et souvent si mal à propos ; Voltaire dont on se préoccupera bien moins quand les hommes seront plus véritablement éclairés, quand les idées seront plus rassises ; Voltaire était très-passionné, très-irascible ; l'âge même n'avait fait qu'ajouter à ces dispositions innées. Elles étaient précieuses pour lui lorsqu'il travaillait d'imagination, lorsqu'il donnait carrière à son esprit sarcastique ; mais elles le trompèrent chaque fois qu'il voulut appliquer ses méditations aux grands intérêts de l'ordre social. Il est assez remarquable que jamais on n'a pu le citer avec succès, comme autorité en politique : on cherche l'homme grave et réfléchi, on ne trouve que l'homme livré à toute la puissance d'une ardente et mobile imagination. Si, comme on l'a remarqué, Descartes a pu dire : « Je sens, donc je suis ; » Voltaire pouvait toujours dire : « Je suis, donc je pense. »

Aussi n'est-ce pas sous les rapports de la morale et de la politique que Voltaire peut être considéré comme le premier d'entre les philosophes du dix-huitième siècle, et par philosophie du dix-huitième siècle, on entend, avec La Harpe, tout ce qui est faux en morale, en politique et en législation ; mais il en est le chef par rapport à l'influence qu'il exerça sur les esprits qu'il endoctrinait par ses nombreuses productions et qu'il dominait par l'ascendant de sa renommée. Jamais grand écrivain ne fit moralement plus de mal à une nation qu'il prétendait éclairer ; jamais homme de génie ne jeta des regards moins assurés vers l'avenir : presque toujours entraîné par la sensation présente, il semble avoir voulu lui-même circonscrire ses succès en morale, en politique, dans le moment où il écrivait, et cela est tellement vrai qu'il n'est guère possible, aujourd'hui, de le lire autrement qu'à titre de poëte, de conteur et d'historien. C'est assurément beaucoup encore et cela doit suffire à sa gloire ; mais c'est bien loin de ce qu'il espérait, et le temps, comme Larcher l'a prédit, ne fera qu'ajouter à cette décroissance sensible que l'engoûment intéressé ou irréfléchi de quelques admirateurs posthumes de cet homme célèbre, n'a pu arrêter ni amoindrir, quelques efforts qu'ils fissent pour remettre ses ouvrages en vogue, en faveur, en les multipliant avec une déplorable profusion, en les reproduisant sous toutes les formes [1].

C'est en parcourant les productions mixtes de cet homme ex-

[1] En quinze ans, à partir de 1817, on fit au moins VINGT-CINQ ÉDITIONS dif-

traordinaire qu'est venue cette pensée judicieuse : « La poli-
» tique n'étant qu'un enchaînement de conséquences, toute
» vérité isolée devient un mensonge dans l'ordre social. » Voltaire, malheureusement, isolait toutes les vérités; il ne voyait jamais qu'un côté de son sujet, et presque toujours il le voyait avec passion. Voilà pourquoi il lui arrivait d'être plaisant, alors même qu'il traitait les sujets les plus sérieux. C'est qu'il avait, indépendamment de son parti pris de ridiculiser et de saper tout ce qui l'offusquait, l'imagination trop prompte, les sensations trop vives pour être profond moraliste et encore moins bon politique. Mais ces qualités, jointes à l'étendue et à la brillante facilité de l'esprit, le mirent hors de ligne dans la poésie légère.

Malgré tant de travers de caractère et d'humeur, personne n'entendit mieux que Voltaire la partie moyenne de la morale, l'*économique*. Jamais homme de lettres ne posséda à un degré plus éminent l'art fructueux de s'enrichir; ses lettres d'affaires privées sont encore de parfaits modèles. On s'aperçoit en les lisant, que *le philosophe de Ferney* avait débuté dans l'étude d'un procureur; « état honnête, sans doute, mais qualifié dans
» le droit romain, par les empereurs, INFAMISSIMA VILITAS, SER-
» VILIS OBSECUNDATIO [2]. » [§ XVI]

férentes des *OEuvres de Voltaire!* Il est presque inutile d'ajouter que la plupart des éditeurs se ruinèrent dans cette recrudescence voltairienne, et que depuis ce paroxysme, tout ce qui est Voltaire est tombé dans le plus extrême décri. Il n'y a qu'un pas du Capitole à la roche Tarpéienne!

[2] *Essai sur la Profession de Procureur* (par Louis GROUSTEL, Procureur, à Paris). — 1749, petit in-8° de 77 pages, non compris l'*Avertissement*, le titre et le faux-titre. C'est l'apologie du métier.

— L'édition de *la Henriade*, publiée à Londres, en 1727-1728, sous les auspices d'une illustre princesse, fut une des premières sources de la fortune extraordinaire de Voltaire, « quoiqu'il ait prétendu depuis n'en avoir

## IV.

Comme écrivain politique, J.-J. Rousseau est incontestablement le premier des philosophes du dix-huitième siècle. C'est à ce titre qu'il a toujours été cité par les législateurs de la révolution, tandis que Voltaire n'était mis en avant que par les déistes et les athées.

Bernardin de Saint-Pierre avait commencé un parallèle de Voltaire et de J.-J. Rousseau ; mais parvenu au point de comparer l'influence qu'ils ont exercée sur leur siècle, il abandonna son travail. Il paraît, d'après les fragments qui en restent, que

» jamais reçu un sou. De retour en France, il plaça cet argent dans une » loterie que le contrôleur général Pelletier-Desforts venait d'établir. Le » gain prodigieux que Voltaire y fit peut être regardé comme le commen- » cement de cette fortune étonnante dont la république des lettres » n'avait pas encore fourni d'exemple. L'anecdote est assez singulière pour » mériter de trouver place ici.

» Invité à dîner dans une maison avec Clairaut, il trouva, en arrivant, ce » mathématicien très-occupé à faire des calculs, sur la *Gazette de France*. » Il voulut en savoir le sujet. Clairaut lui remit la carte qui contenait » ses calculs, en lui faisant observer que c'était là une opération très- » nuisible à l'Etat, et dans laquelle la chance était toute en faveur des par- » ticuliers. On recevait des rentes sur l'Hôtel de Ville pour billets, et on » payait les lots en argent comptant, de sorte qu'il y avait un million à » gagner en prenant tous les billets. Le produit de *la Henriade*, quelque » considérable qu'il fût, n'aurait pas suffi pour une telle opération. L'auteur » courut chez son notaire, les calculs de Clairaut en main, ils s'associèrent » des capitalistes qui fournirent le surplus des fonds nécessaires. Le succès » du jeu fut complet. Voltaire disait, à cette occasion : « *Que pour* » *faire fortune en France, il n'y avait qu'à lire les arrêts du conseil.* » M. Pâris du Verney lui procura un moyen d'accroître la sienne, en l'in- » téressant dans les vivres de l'armée. »

(Tabareau, *De la Philosophie de la Henriade.*)

l'intention de l'auteur des *Etudes de la nature* était d'apprécier les résultats si opposés de leurs opinions, de leurs doctrines. Ces résultats eurent cela de singulier, qu'ils furent en raison inverse de ce qu'ils en attendaient. Voltaire a beaucoup influé sur la multitude par ses maximes captieuses, quoiqu'il n'écrivît que pour la classe intermédiaire de la société. Rousseau, au contraire, n'a influé que superficiellement sur le peuple qu'il avait toujours en vue, et ses erreurs furent mises en pratique par ceux mêmes qui influent sur le sort des nations. Voltaire ne travaillait qu'à détruire. Rousseau avait la prétention d'ériger ; l'un sapait l'édifice social par la base, l'autre s'évertuait à en créer un sans fondement. Tous deux ont écrit avec beaucoup d'éloquence pour ceux qui n'approfondissent rien et qui se laissent aisément fasciner par les oreilles et par les yeux. C'est encore assez la manière de nos jours ; car le plus bel, le plus important Etat de l'Europe, fut en quelque sorte reconstitué à la façon de J.-J. Rousseau, en 1814 : « Le roi en rentrant en France, a dit M. de Serre, président de la chambre des » députés (session de 1816), n'a pu s'occuper que du faîte de » l'édifice social ; il a dû remettre au temps le soin de con» struire les étages inférieurs, et peut-être même les fonde» ments [3]. » C'était revenir de l'exil comme les Stuarts et se résigner d'avance à y retourner comme eux.

La Providence qui parfois rend vaines les pensées des princes et dissipe les conseils des nations, semble n'avoir préparé tant de malheurs aux descendants de saint Louis que pour montrer au monde et le funeste exemple d'attenter à la puissance souveraine, et le spectacle des maux qui doivent résulter d'un pareil attentat. C'est ainsi qu'une prévoyance suprême donne une

[3] *Moniteur* du 28 décembre 1816.

propriété phosphorique à l'écume des flots, alors qu'ils frappent les brisants, pour avertir les nautonniers qui, sans ce signe miraculeux, viendraient échouer ou périr sur ces écueils.

V.

J.-J. Rousseau s'égara dans le délire de ses conceptions et égara avec lui, par un seul mot, tous ceux qui voulurent le suivre ; ce mot est *peuple*. Chaque fois que dans le *Contrat social*, dont il disait lui-même dans ses moments lucides : « Ceux qui se vantent de l'entendre tout entier sont plus habiles » que moi ; c'est un livre à refaire, mais je n'en ai plus ni la » force ni le temps [1] ; » chaque fois, dis-je, que dans ce livre malencontreux vous trouvez l'expression *peuple*, substituez-y le mot *nation*, et vous serez surpris de ne plus trouver de sens à ce qui d'abord vous avait frappé. La raison de cette dissemblance est facile à saisir. Sans prétendre que *peuple* présente exclusivement à l'esprit, cette partie d'une nation que son indigence et son défaut d'instruction doivent naturellement éloigner de la discussion des grands intérêts de l'Etat, on est cependant forcé de reconnaître que le peuple n'est pas de nos jours, comme dans l'ancienne Rome, l'équivalent de la nation. Le peuple romain était un peuple-roi, il embrassait dans son ensemble l'universalité des citoyens et l'empire. De même dans nos monarchies démocratiques, la nation embrasse, avec la généralité des citoyens et des peuples, le gouvernement, les institutions, les lois et les usages qui en sont dérivés. Au contraire, on ne saurait comprendre dans le peuple, considéré même sous la plus grande latitude du mot, le gouvernement et toutes les

[1] *De mes rapports avec J.-J. Rousseau*, par J. Dusaulx.

institutions nationales, parce que *peuple*, dans le langage rationnel des publicistes, n'est pas l'équivalent de *nation*. *Nation* indique un rapport commun de naissance et d'origine, et *peuple* un rapport de nombre et de partie. La nation est une grande famille politique et le peuple une grande multitude. De cette différence logique sont résultées toutes les aberrations du *Contrat antisocial* du très-peu sociable *citoyen de Genève*, surnommé si plaisamment Jean-Jacques *Ourseau*.

## VI.

On conçoit aisément le peuple agissant au hasard, souvent contre lui-même, proscrivant la vertu, récompensant le crime ; brisant le lendemain ce qu'il a fait la veille ; mais on ne peut concevoir une nation dans un pareil état de démence. Le peuple n'a point de maximes d'ordre, il n'a que des velléités, des caprices ; et qui oserait répondre de ses passions ? A la dissolution de l'empire romain, la Germanie fut inondée de peuples barbares qui, dans leur furie vagabonde, foulèrent et refoulèrent, poussèrent et repoussèrent, vomirent et revomirent de toutes parts les nations germaniques sur l'occident et le midi de l'Europe.

Jamais, avec un peu de bon sens, on ne pourra se figurer le peuple voulant unanimement une chose, parce que le peuple, dans nos sociétés modernes, n'est pas une unité, un corps, et que conséquemment il ne peut avoir et n'a pas, en effet, une volonté unique, universelle, immuable. Si dix hommes du peuple ne peuvent être de la même opinion, alors qu'ils ont le même intérêt en vue ou pour mobile, à plus forte raison plusieurs millions d'individus qui ont entre eux des intérêts si divergents, si opposés, seront bien moins encore du même avis, du même sentiment. Une nation, au contraire, peut vouloir, parce qu'elle forme véritablement une unité, un tout, dans lequel les intérêts généraux viennent se lier, se confondre. On parle collectivement au nom de la *nation* et distributivement au nom du *peuple*. Ainsi la *nation* et le *peuple* doivent conserver leur caractère propre et leurs différences naturelles. La *nation* est inhérente au pays et le *peuple* y est attaché ; si le *peuple* a là un domicile, la *nation* seule y possède une patrie.

Les ennemis du bien public et les étrangers sentent si bien cette vérité, qu'ils essaient contre un peuple en révolte ce qu'ils n'oseraient jamais tenter contre une nation ; ils savent que, là où le peuple agit, il y a nécessairement désunion, et par conséquent des chances favorables à leurs desseins ; mais au milieu d'une nation, où il y a unité de volonté parce qu'il y a homogénéité d'intérêts, les tentatives de division, de discordes, ne se font qu'en pure perte.

Napoléon, au temps où il pesait le plus sur l'Europe, s'autorisait moins du droit de conquête que du vœu illicite des peuples, pour abattre et élever des trônes ; en violentant les nations, il reconnaissait implicitement leur suprématie et leurs droits.—Quand l'effroyable Convention déclara la guerre à toutes les têtes couronnées, elle n'adressa point ses manifestes incendiaires aux nations, elle les adressa aux peuples !

## VII.

J.-J. Rousseau, qui était Genévois et paradoxal au plus haut point, depuis que le succès du concours de l'Académie de Dijon lui avait fait tourner la tête ; J.-J. Rousseau, dis-je, a constamment considéré le peuple en dehors du gouvernement. Mais en procédant ainsi, il a plus obéi aux impressions, aux préjugés de la caste dans laquelle il était né, qu'à des principes bien conçus et sagement approfondis. Selon lui, « la » souveraineté ne consiste que dans le pouvoir législatif; elle » appartient au corps du peuple [5]; elle est inaliénable : le gou- » vernement, chargé du pouvoir exécutif, n'est qu'une com- » mission que le souverain donne et révoque à son gré ; » et cette doctrine qui met toute l'autorité dans les mains du peuple. qui livre les rois à la discrétion de la multitude, qui expose les Etats à de perpétuelles révolutions, a tellement été recueillie et répandue, que c'est peut-être une témérité de la combattre [6]. Cependant une pénible expérience a démontré combien peut être funeste l'idée qui tend à considérer la puissance suprême. comme une commission conférée par le peuple, instituée pour ses seuls intérêts, révocable à sa volonté, et combien il importe à la tranquillité de tous, de dompter l'esprit de vertige qui égare les hommes; de réprimer l'effervescence de la classe populaire, toujours lasse de dépendance, toujours ennemie d'un ordre de chose stable et légalement établi.

Si Rousseau fût né sujet ou citoyen d'un grand Etat, il n'aurait pas considéré une nation sous un semblable point de vue, parce que le gouvernement fait nécessairement partie intégrante des institutions nationales. Il a parlé du *peuple* comme d'une unité ; c'est une idée abstraite qui ne pouvait paraître rationnelle qu'au citoyen de Genève et à ses sectaires fourvoyés. Il était assez naturel, au surplus, que Rousseau, législateur, eût constamment en vue l'imperceptible république olygarchique des bords du

[5] Chamfort disait finement, au commencement de la grande révolution, *qu'il croirait à la souveraineté du peuple, lorsque les cabriolets iraient au pas.* Il serait assez curieux de savoir ce qu'il pensait de cette souveraineté en 1794, quand il se suicida pour se soustraire au sort que lui préparait Robespierre?

[6] Courvoisier, *Elémens du droit politique.*

lac Léman, appelé, par les anciens, *le Lac des Sauvages* [7]; république où le peuple était opprimé par une *omnimode puissance* [8]. Aussi son *Contrat social* n'est-il applicable à aucune nation, parce qu'une nation tient à un territoire qui lui est propre et qu'elle se compose d'une quantité continue de citoyens; qu'elle a des lois qui la régissent, des mœurs dérivées de sa législation ou cause première de ses lois; un gouvernement qui lui est naturel, et enfin des rapports externes avec les nations qui l'environnent. J.-J. Rousseau a égaré les esprits en négligeant ces vérités primordiales; c'est aux modernes législateurs à se les rappeler sans cesse [9].

[7] Jean DE MULLER.

[8] Expression de la loi de 1520.

[9] Un jour que le chevalier de Taulès était avec le duc de Choiseul, un M. De Luc, Genévois, qui s'était rendu à Versailles (en 1768) pour engager le gouvernement français à protéger les citoyens de Genève contre l'ambition du *Grand Conseil* de la très-minime république, fit demander une audience que M de Choiseul refusa d'abord, en disant: *Que répondrai-je à cet homme qui vient sans doute me parler des petits intérêts et des tracasseries de son tripot, auxquels je n'entends rien?* Recevez-le toujours, répliqua M. de Taulès: ses efforts tendront certainement à engager la France à enfreindre les promesses faites ci-devant (en 1738) au nom du Roi, au gouvernement genévois; vous le ferez observer à M. De Luc, et selon la manière dont il se défendra, je me mêlerai de la conversation, et vous tirerai d'embarras. Sur cette assurance, le duc ordonna qu'on fît entrer le Genévois. Après qu'il eut exposé sa demande, le ministre lui réplique par l'observation convenue; M. De Luc ne néglige rien pour faire valoir sa cause: M. de Taulès détruit tous ses arguments, et, après l'avoir réduit au silence, il ajoute: *Il y a un moyen, M. De Luc, un excellent moyen d'arranger tout cela.* Alors le ministre et M. De Luc redoublent d'attention, et le malin chevalier ajoute: *C'est, M. De Luc, d'ensevelir votre tête sous une énorme perruque de syndic.* Le Genévois sentit le piquant de cette réponse, néanmoins il sourit à l'idée de son élévation.

Quelque temps après M. Grenville, Anglais de distinction, passant à Ge-

## VIII.

Je crois que l'on prouverait sans beaucoup de peine, que l'on doit aux aberrations séditieuses de J.-J. Rousseau, les malheurs de la Pologne, les bouleversements de l'Europe, les révolutions de l'Amérique, les déchirements de la France, l'ébranlement de tous les trônes; car de tous les sophistes modernes, celui qui s'est permis les déclamations les plus insensées, les plus violentes contre les institutions sociales, c'est Rousseau; de tous les novateurs, celui dont les écrits ont porté l'atteinte la plus funeste à tous les principes reçus, à tous les appuis de l'autorité, c'est Rousseau; c'est encore lui qui, vantant sans cesse le bonheur et les vertus de la vie sauvage, a réussi à calomnier toutes les jouissances qui ne sont dues qu'aux progrès des sciences, des arts et de la civilisation; à leur faire imputer avec Mably tous les crimes, tous les maux de l'humanité, et à provoquer ces chocs, ces conflits d'opinions; à faire désirer ces funestes changements, qui, sous le vain prétexte de ramener les peuples à la simplicité idéale des premiers âges, menacent sans cesse de précipiter ces mêmes peuples et les nations qui les su-

nève, de simples citoyens et des magistrats lui parlèrent séparément de leurs prétentions respectives, mais si contradictoirement, que ne pouvant s'en former une juste opinion, il pria le philosophe de Ferney de lui éclaircir ces assertions si diverses du peuple et des magistrats. *Je peux,* répondit le malin vieillard, *vous satisfaire aussi véritablement que brièvement : ce sont environ neuf cents tignasses qui se disputent contre cinquante grandes vilaines perruques pour devenir de grandes perruques elles-mêmes.*

La réponse du chevalier de Taulès et celle de Voltaire expliquent suffisamment que les magistrats de Genève étaient alors de petits despotes distingués du peuple par d'énormes perruques, tandis que les simples citoyens n'en pouvaient porter que de médiocres ou de très-petites.

bissent, dans toutes les horreurs de l'anarchie la plus effrénée et la plus féroce.

## IX.

Les hommes, en général, sont faits pour vivre en société, l'état sauvage ne convient qu'à la brute. On peut aller jusqu'à négliger l'autorité si positive des saintes Ecritures, d'où il résulte que le premier homme ayant reçu immédiatement de Dieu les lumières et les préceptes, n'était point dans cet état de néant, et qu'ainsi les hommes ne s'y sont jamais trouvés ; mais je dirai qu'il faut juger de l'origine et de la grandeur de l'édifice social par les nobles débris que l'antiquité a légués à l'admiration des âges ; comme l'on trouve dans les ruines de la Thébaïde et de Palmyre, la preuve de la magnificence et des majestueuses proportions des palais dont elles faisaient partie.

Qui pourrait, d'ailleurs, nier que l'homme porte en soi la connaissance des vérités immuables du juste et de l'injuste ; une raison droite et des préceptes d'équité qui sont les mêmes pour tous, indépendamment des temps et des lieux, et surtout une conscience, admoniteur sévère et inflexible, qui l'approuve lorsqu'il fait bien, et qui le déchire impitoyablement quand il fait mal? Qui oserait prétendre que ce sont là des choses acquises, de simples résultats de la civilisation? Cette loi naturelle, si éloquemment décrite par le prince des orateurs romains, ne considère point l'homme dans l'état de nature, mais abstraction faite des lois positives, comme pour montrer qu'elle est le fondement et le complément de ces lois. Ainsi les hypothèses creuses, que l'on a pu bâtir sur l'homme considéré dans l'état sauvage, ne sont que des intempérances de pensée, de vaines spéculations contraires à la loi naturelle qui le porte à vivre en société, et qui l'y suppose indubitablement par le caractère même des devoirs civils qu'elle lui prescrit.

X.

Sans doute d'autres que J.-J. Rousseau ont préconisé les mêmes doctrines, mais il n'en est pas moins le véritable apôtre ; parce qu'aucun écrivain n'a possédé comme lui le mécanisme du raisonnement ; personne n'a porté plus loin l'art d'embellir des maximes subversives, et la faculté de réveiller le délire des passions. Lisez son *Emile*, vous y verrez qu'il compare un rentier à un assassin de grand chemin, qui ne vit qu'aux dépens de celui qu'il assassine. Comme si l'artisan laborieux qui a travaillé toute sa vie, et qui confie la subsistance de sa vieillesse à l'Etat était un assassin ! C'est ce qui lui a valu l'apothéose sous Robespierre [10].

Je n'ignore pas, assurément, que ses *Considérations sur le gouvernement de Pologne*, plusieurs *Lettres de la Montagne*, le *Jugement sur la paix perpétuelle* et sur *la Polysinodie* de l'abbé de Saint-Pierre, la dédicace du *Discours sur l'inégalité des Conditions*, renferment des vérités sublimes, des préceptes sages, d'admirables leçons; mais on a négligé les principes pratiques de Jean-Jacques pour s'attacher exclusivement à la fausse théorie du *Contrat social* [11]. On a regardé comme un chef-d'œuvre de la sagesse, les jeux d'une imagination qui se donnait carrière ; des paradoxes destructeurs de toute société ont été pris pour

[10] *Mémoires sur la vie de J. Dusaulx*, écrits par sa veuve.

[11] Voltaire fit une critique à sa manière du *Contrat Social* qu'il produisit sous le titre d'*Idées républicaines, par un membre du corps*. Ces *Idées* parurent en 1762, peu après la publication du *Code Politique* du citoyen de Genève.

des vérités éternelles, parce qu'ils favorisent une indépendance chimérique, anormale, et ce livre que Voltaire lui-même appelait le *Contrat insocial* a tout compromis, tout perdu.

## XI.

S'il avait été possible aux novateurs du siècle dernier de vouloir la république dans toute son austérité, de la fonder dans toute sa plénitude, Mably aurait été mis au premier rang des philosophes publicistes qui firent autorité durant la tourmente révolutionnaire : ses principes politiques, malgré leur insuffisance, pouvaient séduire bien des esprits ; mais les conséquences qui en dérivent sont d'une morale trop austère pour être accueillies par le peuple, naturellement changeant, essentiellement mobile. La sévérité de Mably fut la cause de son peu de succès. Ce n'est point un mal assurément, car il perpétuerait le trouble dans les Etats si son traité indigeste *des Droits et des Devoirs du citoyen* devenait jamais la règle et la doctrine des peuples.

Les ouvrages politiques de Mably, après avoir été plus lus que cités, sont tombés dans un oubli presque salutaire, dans un discrédit impartial qui, en vérité, ne porte préjudice à personne, pas même à la réputation de leur auteur. Ainsi l'excès de sévérité en morale peut avoir des résultats avantageux, tandis que le relâchement ne conduit qu'à de nouveaux dangers.

Mably fonde le bonheur des peuples sur les mœurs. Les mœurs sont bonnes ou mauvaises, suivant leur degré de conformité avec les lois de l'éternelle sagesse. En parcourant attentivement l'histoire du monde, il est facile de se convaincre que c'est en premier lieu l'abus, la dégradation de la liberté qui produit celle des mœurs et des lois. L'égalité dans la fortune, dans les conditions sont, selon lui, la base de la prospérité, de la stabilité des Etats. Point de législation parfaite, dit-il, sans la communauté des biens ! L'erreur de Mably provient de ce qu'il jugeait les hommes tels qu'ils devraient être, tous également justes, tous également vertueux, au lieu de les voir tels qu'ils sont.... [12]. De grands obstacles, il est vrai, s'opposent à ce nivel-

[12] « On dit à tout moment, qu'il n'y a point de droiture dans le monde. Je dois à cette opinion la découverte d'un système entier de physique. Un jour que je lisais *le Misanthrope* de Molière, et *le Timon* de Lucien, avec quelques ouvrages de Gracien, ce peu de droiture et de rectitude morale qui y est si bien représentée, me fit tout à coup jeter une certaine vue réfléchie sur la nature, et il me sembla ne voir partout que des lignes courbes. Je creusai cette première vue, et je fus étonné de trouver que tout, jusqu'aux plus petits rayons de lumière, s'éloigne constamment de la ligne droite, pour suivre des lignes courbes.

» Or, telle est l'analogie entre le système des corps et celui des cœurs, que la raison précise qui rend courbes les mouvements des corps, rend détournés et tortueux les mouvements des cœurs. Un mouvement courbe, disent les mécaniciens, est un mouvement empêché dans tous ses points. Il faut bien que les politiques adoptent précisément cette définition. Qui est-ce qui bannit du monde moral et politique la droiture? On vise à un but; mais les prétendants, les concurrents, les envieux, les ennemis, les intérêts contraires forment, à chaque pas, des obstacles et des empêchements qui vous jettent dans des détours et comme à la bouline à un autre but. Aussi Gracien, le plus physicien, et peut-être aussi le plus éclairé de tous les politiques, nous dit ici : *Mirez un but pour en tirer un autre; on tue aisément l'oiseau qui vole en ligne droite;* et ce n'est pas pour rien que le serpent, avec ses replis et sa marche enveloppée, nous est donné par Jésus-Christ même comme le symbole de la prudence.

» Remarquez la précision de mon analogie, et, si j'osais le dire d'après un savant, la *mêmeté* des deux systèmes. Tout corps qui se meut, tend à chaque instant à la ligne droite. Notre cœur tend aussi à la droiture, et il irait tout de suite à son but par la ligne la plus courte, s'il pouvait arriver par là, et que la ligne la plus courte fût en morale et en politique, plus qu'en géométrie et en physique, le chemin le plus court.

lement; car si tous les hommes sont égaux en droit, tous ne le sont pas en facultés, en force, en courage; tous ne sont pas également sages, sobres et laborieux ; mais pour suppléer à ces graves inconvénients, si l'on veut en croire notre rigide philosophe publiciste, il est indispensable d'éteindre l'avarice et l'ambition, éternelles ennemies de l'ordre social. — Comment y parvenir? — Il en donne le moyen : — En restreignant les finances, en bannissant le commerce, les arts, et nommément les académies de peintures..... — Mably n'aimait pas la peinture, et cependant on le peignit! — Les tableaux, les statues dont Rome a dépouillé les nations ne sont que des babioles [13]...

» On a déjà traité bien des questions de morale et de politique, par le moyen de l'algèbre; il n'y en a pas une qu'on ne puisse traiter par les figures de la géométrie. Par exemple, vous savez qu'il y a des lignes qui approchent sans cesse les unes des autres, sans jamais se toucher. Un homme attend sa fortune du protecteur puissant auquel il s'est dévoué; cette fortune et ce protecteur de cour marchent sur ces deux lignes : jamais d'un client on ne veut faire un égal, dit Gracien : on l'avance toujours, pour entretenir la confiance; mais on l'avance par des progrès mesurés, pour maintenir la dépendance. Quand on a pressuré l'orange, dit le même politique physicien, on la jette ; quand on a bu à la fontaine, on lui tourne le dos ; ainsi, plutôt que de laisser arriver un client au but complet de ses désirs, on mêle dans ses progrès de secrètes semences de ruine : les lignes dont je parle se tournent souvent le dos, même en s'approchant, lorsqu'elles commencent à être trop près.

(Le P. Castel, *de la Physique appliquée à la morale.*)

[13] *De la Législation*, ou *Principes des lois*, espèce de commentaire de ses *Entretiens de Phocion.*

L'abbé Mably donne, dans ces deux ouvrages, l'affligeante énumération des maux que causent aux hommes la propriété, l'inégalité des conditions et la formation des grands empires.

« De ce triste résumé naît une réflexion plus triste encore : c'est que tous ces maux sont nécessairement amenés par les progrès auxquels

La ruine du système anglais était annoncée par ce publiciste comme très-prochaine, et la durée du gouvernement de Suède, sous l'omnipotence du sénat, comme très-reculée. L'Angleterre n'a pourtant jamais joué un rôle plus prépondérant que depuis cette ridicule prédiction, malgré la révolution d'Amérique qui, en définitive, lui fut plus favorable que nuisible, grâce à l'imprévoyante intervention de la France pour en abréger la durée. Quant à la suprématie du sénat de Suède, objet de l'admiration exclusive de Mably, l'ouvrage de ce prophète-législateur avait à peine vu le jour que déjà cette suprématie était anéantie : la révolution de 1772 y avait mis fin.

## XII.

Tournant sans cesse dans un même cercle d'idées, Mably les analysait toutes à peu près d'une manière identique, dans cha-

l'homme fut destiné au moment même où il sortit du néant, où il reçut de son auteur la *perfectibilité*.

» Cette qualité qui, avec la raison, le distingue des autres êtres, ne lui permet de passer par une situation que pour employer toutes les facultés de son âme et de ses organes à parvenir à une situation nouvelle, qui toujours lui semble préférable à celle où il se trouve. La *perfectibilité* n'aurait été dans l'homme qu'une jouissance sans effet, s'il n'avait en même temps reçu le désir qui ne l'abandonne, ainsi que l'espérance, qu'avec le souffle qui l'anime. Quand le besoin est satisfait, le désir ne l'est pas encore : il faut que le superflu naisse pour le contenter un instant; il faut que, sans cesse, des inutilités nouvelles dissipent ses dégoûts toujours renaissants, et trompent, sans l'assouvir, sa faim toujours insatiable.

» Une seconde réflexion peut tempérer l'amertume de la première; la voici : les maux que nous cause notre situation présente seraient remplacés par des maux plus grands encore, si de petites peuplades, de petites cités, de faibles républiques partageaient la terre aujourd'hui généralement couverte de grands empires. » (Lévesque, *Observations et discussions sur quelques parties des ouvrages de l'abbé de Mably*.)

cune de ses productions politiques. Sa pensée ne pouvait se résoudre à outre-passer les principes législatifs qu'il avait puisés dans les lois de Lycurgue. Ayant pris en antipathie les institutions de son temps, pour des raisons qui n'avaient guère d'autre origine que les froissements qu'avait éprouvés son extrême amour-propre, il s'abritait sous les débris de l'antiquité pour les décrier et les combattre ; il cherchait dans les temps reculés une consolation nécessaire à son cœur, et profitait de l'obscurité de ces temps et des ténèbres de l'histoire, pour y placer le règne de la liberté et du bonheur. Sparte était pour lui l'exemple unique de la vraie liberté, et dans son extrême admiration, il fermait les yeux sur l'horrible esclavage des Ilotes.

Quelle liberté pouvait avoir la Grèce, elle qui ne la fondait que sur l'esclavage, et qui ne connaissait le prix de l'une que par la vue des horreurs et des misères de l'autre? Quelle liberté pouvait créer une philosophie purement spéculative, impuissante à faire le bien, impuissante à empêcher le mal, qui fondait l'Etat sur la dissolution de la famille et mettait la promiscuité des femmes au rang des institutions? Quelle liberté morale pouvait résulter d'une législation qui rendait l'amour de la patrie exclusif de celui du genre humain, et qui limitait aux frontières de la Grèce la bienveillance envers les hommes? qui permettait le brigandage envers les peuples, pourvu que l'on n'opprimât ni les Grecs ni leurs alliés? Aussi la justice ne parut-elle en Grèce que comme un fantôme brillant à côté duquel les caprices barbares d'une multitude aveugle et de ses implacables tyrans se faisaient sentir dans toutes leurs difformités. Vouée à l'empire de la discorde et de la haine envers les autres peuples et envers elle-même, elle fut dans un état de convulsion perpétuelle. On vit le Péloponèse inondé de sang, et le tableau croissant de sa dissolution morale se terminer par la corruption honteuse exercée sous Philippe, et par l'apothéose d'Alexandre [14] !

## XIII.

J'ai entendu plusieurs fois, dit Lévesque [15], comparer l'abbé Mably au citoyen de Genève, et il pouvait bien y avoir entre eux quelques traits d'une ressemblance imparfaite. L'un et l'autre aurait voulu bannir la propriété d'entre les hommes ; l'un et l'autre méprisait les arts ; l'un et l'autre se montra supérieur aux séductions de la fortune. J.-J. Rousseau plaça la félicité de l'homme et son véritable état dans la vie absolument sauvage, et Mably, dans ces associations peu nombreuses qui durent être les premiers pas du retour de l'homme vers la vie policée, après sa dispersion. J.-J. Rousseau exagéra tout dans sa conduite, dans ses idées, dans son style, parce qu'il voulait étonner, et il fut souvent en contradiction avec lui-même, parce qu'on ne peut se tenir placé constamment au delà de la nature. Mably fut simple dans sa conduite, assez naturel dans ses idées, sobre dans son style, parce qu'il n'écrivait que pour faire connaître sa pensée ; il n'eut aucune peine à ne pas se contredire, parce qu'il ne disait que ce dont il était pénétré et parce que ses principes, éloignés de nos mœurs, n'étaient pas absolument contraires à la nature. Jean-Jacques proscrivait les arts et il les aimait ; il se plaisait à les professer et il faisait des livres pour en étendre

[14] G.-B. Battur.

[15] *Eloge historique de M. l'abbé de Mably, qui a partagé le prix extraordinaire* avec M. l'abbé Brizard, *proposé par l'Académie royale des Inscriptions et Belles-Lettres* (dont Mably n'était pas membre), *pour l'année* 1787, *à la prière d'une personne* (M. l'abbé de Chalut) *qui ne veut point être connue.*

les progrès ; Mably les croyait dangereux, il les méprisait et ne se piquait même pas de s'y connaître. Jean-Jacques, en écrivant contre les sciences et contre les progrès de l'esprit humain, emploie toutes les ressources de l'imagination, toutes celles de l'éloquence, même ses prestiges, même ses séductions ; il ne néglige aucun moyen pour captiver ses lecteurs, aucun sophisme pour les éblouir et les enivrer ; on voit que son but est de séduire et d'entraîner. Mably est austère dans son style, comme il l'était dans sa façon de penser et de vivre ; sa manière d'écrire n'est pas toujours correcte, mais elle est toujours saine ; il montre de la raison et point de bel esprit ; s'il plaît c'est par un ton simple et mâle, par une fierté républicaine ; on voit que son but est de convaincre. Tous deux ont célébré la vertu : Jean-Jacques se complaisait à la parer ; Mably se contentait de la montrer belle. Jean-Jacques s'est fait des enthousiastes ; mais l'enthousiasme est un feu qui s'éteint : aux adorateurs succèdent les appréciateurs. La postérité lui décernera peut-être le prix de l'imagination, et à Mably celui de la rigidité. Jean-Jacques, affectant de tout mépriser, et cherchant toujours des admirateurs, mais défiant et soupçonneux, injuste pour ceux qui l'aimaient, n'a pu conserver un ami ; Mably, avec une humeur peu liante, a passé sa vie dans le sein de l'amitié, et il l'a vue assise auprès de son lit de mort. Mécontent de son siècle, il a eu pour partisans ceux qui se plaisent à entendre, dans la bouche d'un homme vertueux, le langage de leur malignité ; mais des partisans ne sont pas des amis.

Mably fut aimé, parce qu'il aimait. Quoique son humeur fût quelquefois difficile, on connaissait la bonté de son cœur, et on lui pardonnait les quintes de son esprit. Il était misanthrope par vertu et ami du genre humain par caractère. Il haïssait en général les hommes de son siècle qu'il ne connaissait pas, parce qu'il supposait tout son siècle corrompu ; il en exceptait ceux qu'il connaissait, parce qu'il les supposait exceptés de la corruption commune ; mais souvent il les trouvait faibles, et il ne leur passait pas leur faiblesse. Son âge et l'ascendant qu'on lui accordait lui donnait le privilége de gronder, et il en faisait usage ; il grondait même quelquefois avec force, quelquefois aussi assez durement ; mais c'était un père austère et un peu irascible, qui grondait ses enfants et qui ne les aimait pas moins après les avoir réprimandés. Il méprisait quelquefois et ne haïssait jamais absolument. « Je ne sache pas, » écrivait un homme qui l'a bien connu, « qu'il ait jamais cherché à nuire ; mais je suis » sûr qu'il a contribué à la fortune et à la réputation d'un grand » nombre de personnes. »

Si l'abbé Mably avait pu suivre la carrière à laquelle il semblait appelé par la nature, s'il avait continué de prendre part aux affaires, aux négociations et aux opérations politiques de l'Europe, il aurait toujours suivi, sans doute, des principes rigidement rationnels, et ces principes n'auraient peut-être pas été tout à fait les mêmes qu'il a préconisés dans ses livres. La pratique et l'usage des affaires auraient adouci ce que sa théorie avait de trop étrange ; sa conduite aurait mitigé ses maximes, et il n'en aurait adopté que de praticables. Il aurait employé ses talents à servir de grands intérêts ; il aurait cherché les moyens de faire concourir le commerce, les richesses, l'industrie à la prospérité des citoyens, et peut-être n'aurait-il pas soutenu que, dans les grands Etats, avec un commerce, des richesses et une industrie perfectionnée, il est impossible aux hommes de connaître la probité [16].

[16] Lévesque, ouvrage cité.

## XIV.

L'*Histoire du divorce de Catherine d'Aragon et d'Henri VIII*, copie mal déguisée de l'ouvrage similaire de l'abbé Joachim Le Grand [17], affermit, en quelque sorte, la réputation politico-littéraire de l'abbé Raynal, qu'avait médiocrement commencée l'*Histoire du Stadhoudérat*; et son *Histoire philosophique des établissements et du commerce des Européens dans les deux Indes*, y mit le sceau avec un bruyant éclat.

Raynal, toujours hors de son sujet, parlant de tolérance et de liberté avec passion, de politique avec enthousiasme, se prêtant à tout, parce qu'il a déclamé sur tout, convenait bien à des gens qui avaient un bouleversement à faire, une révolution populaire à exploiter. Aussi ne voulurent-ils pas le croire lorsqu'il abjura publiquement, dans sa *Lettre à l'Assemblée nationale*, les funestes doctrines dont son *Histoire des deux Indes* est remplie, — dans l'espoir tardif de préserver sa patrie et l'humanité des maux qui allaient fondre sur elles.

Raynal reconnut ses erreurs quand il n'était plus temps de rétrograder, quand le torrent des passions populaires s'avançait tumultueusement, brisant et entraînant dans une commune ruine tout ce qui pouvait ou osait s'opposer à ses ravages. La démarche de Raynal fut louable, assurément, généreuse même, en ce qu'elle n'était pas sans danger ; ce qui oblige, pour être équitable, de séparer l'homme repentant du déclamateur ampoulé.

On est assez fondé à croire que l'abbé Raynal a trop souvent écrit sous l'inspiration des autres, suivant ainsi des idées et des

[17] *Histoire du divorce de Henry VIII, roy d'Angleterre, et de Catherine d'Arragon ; — avec la défense de* Sandérus ; *— la réfutation des deux premiers livres de l'Histoire de la Réformation de M.* Burnet ; *— et les Preuves*. Paris, 1686, 3 vol. in-12.

sentiments qui n'étaient pas les siens, et trop peu d'après des principes fixes et profondément conçus. C'est pour cela que le temps, qui emporte toutes les fausses renommées, n'a guère fait grâce à la gloire de l'abbé Raynal [18].

Sénac de Meilhan a dit de lui, que l'on croyait entendre, en le lisant, un charlatan monté sur des tréteaux, débitant à la multitude effarée, des lieux communs contre le despotisme et la religion, qui n'avaient de curieux que leur hardiesse.

On pourrait, peut-être, trouver des motifs pour atténuer beaucoup de reproches faits à Raynal ; mais il faudrait descendre de la haute région des principes, de l'ordre supérieur de ces hommes, dont rien ne peut fausser la raison ni courber le caractère.

[18] DIDEROT, PECHMÉJA, et le baron D'HOLBACH, dont la maison était appelée le *quartier-général des esprits forts*, prirent une part active à la composition de l'*Histoire philosophique des établissements et du commerce des Européens dans les deux Indes*. PAULZE, qui était fermier-général, y coopéra pour le commerce. J. DUDASTA, armateur à Bordeaux, fit des communications si importantes sur les Indes, que Raynal ne croyait pouvoir mieux en témoigner sa reconnaissance qu'en lui dédiant son ouvrage. Le comte d'Aranda, ambassadeur d'Espagne, et le comte de Souza, envoyé de Portugal, fournirent obligeamment des mémoires sur les colonies espagnoles et portugaises. Alexandre DELEYRE rédigea le *Tableau de l'Europe ;* une infinité de coopérateurs officieux procurèrent d'autres matériaux.

Quand la mort termina, à l'âge de 84 ans, au commencement du mois de mars 1796, la vie de Raynal, il travaillait à une nouvelle édition de son *Histoire philosophique*. Il s'était adressé au directoire pour obtenir des agents extérieurs de la République, des renseignements commerciaux et politiques dont il avait besoin pour donner à son travail plus de précision, d'unité et d'ensemble. Le directoire s'était empressé de déférer à ses vœux.

## XV.

Si Voltaire fut le plus passionné, le plus laborieux des gens de lettres politiquant du dix-huitième siècle, Helvétius en fut sans doute le plus répréhensible par ses doctrines et le plus irréprochable par sa vie et par ses mœurs. De toutes les contradictions que l'on remarque chez les hommes qui se sont signalés par leurs talents, leurs vertus ou leurs erreurs, contradictions qui naissent ou de la folie ou des aberrations de la trop fragile humanité, il n'en est point de plus incompréhensible, de plus inouïe, que celle qui se trouve la plupart du temps entre la vie d'un auteur et de ses écrits. Quelle anomalie, par exemple, entre le vil Bacon, chancelier d'Angleterre, accusé de vénalité, convaincu de concussion, et l'incomparable Bacon, ce sublime interprète de la philosophie naturelle et expérimentale! Deux êtres si différents n'en faire qu'un! C'est un contraste indéfinissable..... N'est-ce pas ici l'occasion de redire : Les extrêmes se touchent : les esprits forts sont presque toujours des esprits faibles.

On dirait que le plus honnête homme de la ligue philosophique du dix-huitième siècle, avait pris à tâche d'animer chaque individu contre la société : Helvétius isole l'homme de tout rapport social, pour chercher dans son cœur quel intérêt, quel mobile peut le faire agir ou le guider, alors que la société ne subsiste qu'en détachant l'homme de son intérêt privé pour l'obliger à le confondre dans l'intérêt général. Si chacun, par un calcul égoïste et malentendu, considérait abstractivement son intérêt particulier et refusait de coopérer au salut commun, il n'y aurait ni patrie, ni liberté civile.

Il n'y a personne qui, dans le secret de sa pensée, ne soit convaincu qu'Helvétius, après l'auteur des *Réflexions morales*, ait eu raison de mettre le *moi*, l'égoïsme individuel au premier rang de nos penchants intimes ; mais telle est la force des préceptes et du bon exemple, que l'on rougirait d'avouer ce sentiment honteux, dans la crainte de perdre tout droit à l'estime de ses semblables.

L'auteur du livre *de l'Esprit* a voulu débarrasser l'humanité de cette honte, en érigeant en système ce que La Rochefoucauld n'avait fait que poser en principe. Si le duc de La Rochefoucauld avait vécu dans des temps moins agités que la Fronde et la minorité de Louis XIV, les hommes se seraient offerts à son esprit élevé sous des rapports plus favorables, et il n'aurait pas admis l'égoïsme, l'intérêt personnel comme la base de leurs actions morales. Helvétius justifie, sans le vouloir assurément, ce que les siècles avaient condamné, et l'égoïsme, destructeur de toute équité, de tout sentiment généreux, se montre hardiment dans son livre, armé de sophismes. Selon lui, le désir du bien-être et l'amour de soi-même sont les ressorts de toutes les actions de l'homme. Cependant, selon d'autres, la bienveillance et la bienfaisance sont les mobiles primordiaux de toutes les vertus sociales !

## XVI.

Voltaire a remué et déplacé bien des opinions, détruit bien des préjugés salutaires ; l'esprit d'innovation s'était accrédité en France depuis la régence ; on voulait tout réformer, tout refaire ; c'était la répétition du crime des filles de Pélias égorgeant leur vieux père pour le rajeunir. On crut qu'en anéantissant tout pour rebâtir tout à neuf, on ne serait gêné ni par les bases antiques, ni par les difficultés du terrain.

Helvétius a sanctionné ces funestes tendances, qu'il ne pouvait cependant ni désirer, ni vouloir ; il a encouragé, à son insu, les passions les plus déplorables, les plus contraires à la conservation de la société. En poussant les conséquences de sa doctrine jusque dans leurs derniers résultats, on est justement effrayé de tous les forfaits qu'elle autorise.

Lorsque l'on établit la morale privée et la politique sur des règles variables, au gré des lieux et des temps, on s'expose à de bien dangereuses interprétations, à de bien déplorables mécomptes. Aussi les productions d'Helvétius sont-elles un des arsenaux dans lesquels la perversité des factieux a dû choisir souvent ses armes les plus acérées et les plus meurtrières. C'est en faisant le plus criminel abus de la maxime : « Tout devient légitime » et même vertueux pour le salut public [19], » que les comités d'une assemblée sanguinaire envoyaient l'élite de la nation française à l'échafaud ; comme si le salut public était quelque chose alors que tous les citoyens ne sont pas en sûreté. Est-ce en dégradant l'homme que l'on forme des citoyens ? N'est-ce pas au contraire des sentiments nobles et généreux que le patriotisme, que l'amour du bien public tirent leur plus belle et leur plus sublime énergie ?

Les partisans obstinés des déplorables doctrines réduites en systèmes par Helvétius, il faut bien le dire, sont en général les hommes qui ont besoin de fermer l'oreille aux cris de leur conscience ; ses adversaires, les esprits judicieux et honnêtes qui repoussent des opinions insoutenables, et les âmes vertueuses auxquelles il s'efforce vainement d'enlever jusqu'à leur dernière consolation.

C'est donc avec infiniment de vérité que l'on a dit de la philosophie des Encyclopédistes, qui résume à elle seule toutes les aberrations du dix-huitième siècle, et d'Helvétius qui en fut l'oracle le plus tristement célèbre, qu'elle répandait une odeur de mort qui infecterait toute la postérité, que c'était une plante maudite qui

[19] *De l'Esprit*, disc. II, ch. VI.

étoufferait d'âge en âge le bon grain dans le champ du père de famille. — Le temps n'a que trop prouvé la justesse de cette douloureuse prédiction.

Heureusement « les erreurs mêmes cessent d'être dange-
» reuses lorsqu'il est permis de les contredire, alors elles sont
» bientôt reconnues pour erreurs, elles se déposent bientôt
» d'elles-mêmes dans les abîmes de l'oubli, et les vérités seules
» surnagent sur la vaste étendue des siècles [20]. »

[20] Helvétius lui-même, dans la *Préface* du livre *de l'Esprit*.

I.

DES

# RÉACTIONS POLITIQUES.

## DES PRINCIPES. — DE L'ARBITRAIRE.

« Les hommes fougueux et malhabiles tendent par la
» violence, au but où les hommes sages et éclairés arrivent par
» la raison. »

DES

# RÉACTIONS POLITIQUES.

Pour que les institutions d'un peuple soient stables, elles doivent être au niveau de ses idées. Alors il n'y a jamais de révolutions proprement dites. Il peut y avoir des chocs, des renversements individuels, des hommes détrônés par d'autres hommes, des partis terrassés par d'autres partis ; mais tant que les idées et les institutions sont de niveau, les institutions subsistent.

Lorsque l'accord entre les institutions et les idées se trouve détruit, les révolutions sont inévitables. Elles tendent à rétablir cet accord. Ce n'est pas toujours le but des révolutionnaires, mais c'est toujours la tendance des révolutions.

Lorsqu'une révolution remplit cet objet du premier coup, et s'arrête à ce terme, sans aller au delà, elle ne produit point de réaction, parce qu'elle n'est qu'un passage, et que le moment de l'arrivée est aussi celui du repos.

Mais, lorsqu'une révolution dépasse ce terme, c'est-à-dire lorsqu'elle établit des institutions qui sont par delà les idées régnantes, ou qu'elle en détruit qui leur sont conformes, elle produit inévitablement des réactions, parce que le niveau n'étant plus, les institutions ne se soutiennent que par une succession d'efforts, et que le moment où la tension cesse, est celui du relâchement.

## I.

### Des différents genres de Réactions.

Il y a deux sortes de réactions ; celles qui s'exercent sur les hommes, et celles qui ont pour objet les idées.

Je n'appelle pas réaction la juste punition des coupables, ni le retour aux idées saines. Ces choses appartiennent, l'une à la loi, l'autre à la raison. Ce qui, au contraire, distingue essentiellement les réactions, c'est l'arbitraire à la place de la loi, la passion à la place du raisonnement : au lieu de juger les hommes, on les proscrit; au lieu d'examiner les idées, on les rejette.

Les réactions contre les hommes perpétuent les révolutions ; car elles perpétuent l'oppression, qui en est le germe. Les réactions contre les idées rendent les révolutions infructueuses, car elles rappellent les abus. Les premières dévastent la génération qui les éprouve ; les secondes pèsent sur toutes les générations. Les premières frappent de mort les individus ; les secondes frappent de stupeur l'espèce entière.

Pour empêcher la succession des malheurs, il faut comprimer les unes : pour retirer, s'il est possible, quelque fruit des malheurs qu'on n'a pu prévenir, il faut amortir les autres.

Les réactions contre les hommes, effets de l'action précédente, sont des causes de réactions futures. Le parti qui fut opprimé, opprime à son tour ; celui qui se voit illégalement victime de la fureur qu'il a méritée, s'efforce de ressaisir le pouvoir; et lorsque son triomphe arrive, il a deux raisons d'excès, au lieu d'une ; sa disposition naturelle, qui lui fit commettre ses premiers crimes, et son ressentiment des crimes qui furent la suite et le châtiment des siens.

De la sorte, les causes de malheur s'entassent, tous les freins se brisent, tous les partis deviennent également coupables, toutes les bornes sont dépassées ; les forfaits sont punis par des forfaits ; le sentiment de l'innocence, ce sentiment qui fait du passé le garant de l'avenir, n'existe plus nulle part, et toute une génération, pervertie par l'arbitraire, est poussée loin des lois par tous les motifs : par la crainte et par la vengeance, par la fureur et par le remords.

La vengeance est étrangement aveugle. Elle pardonne aux hommes mêmes dont les forfaits l'ont soulevée, pourvu qu'ils la dirigent contre les instruments de leurs crimes. Ces hommes se mettent à la tête des réactions que leurs propres attentats ont provoquées, et ils les rendent plus épouvantables.

Les hommes sensibles ne sauraient être féroces. Le regret adoucit la fureur ; il y a dans le souvenir de ce qu'on aima une sorte de mélancolie qui s'étend sur toutes les impressions.

Mais ces hommes atroces et lâches, avides d'acheter par le sang le pardon du sang qu'ils ont répandu, ne mettent point de bornes à leurs excès. Leur motif n'est pas la douleur, mais la crainte ; leur barbarie n'est point entraînement, mais calcul ; ils ne massacrent point parce qu'ils souffrent, mais parce qu'ils tremblent, et comme leurs terreurs sont sans terme, leurs crimes n'en sauraient avoir.

Ces exemples doivent inspirer une horreur profonde pour toutes les réactions de ce genre. Elles atteignent quelques criminels, mais elles éternisent le règne du crime; elles assurent l'impunité aux plus dépravés des coupables, à ceux qui sont prêts toujours à le devenir dans tous les sens.

Les réactions contre les idées sont moins sanglantes, mais non moins funestes. Par elles les maux individuels deviennent sans fruit, et les calamités générales sans compensation. Après que de grands malheurs ont renversé de nombreux préjugés, elles ramènent ces préjugés, sans réparer ces malheurs, et rétablissent les abus, sans relever les ruines; elles rendent à l'homme ses fers, mais des fers ensanglantés.

Ces réactions, qui, de révolutions désastreuses, font encore des révolutions inutiles, naissent de la tendance de l'esprit humain à englober dans ses regrets tout ce qui entourait ce qu'il regrette. Ainsi que dans nos souvenirs de l'enfance, ou d'un temps heureux qui n'est plus, les objets indifférents se mêlent à ce qui nous était le plus cher, et le charme du passé s'attache à tous les détails; l'homme qui, dans le bouleversement général, a vu s'écrouler l'édifice de son bonheur individuel, croit ne pouvoir le relever qu'en rétablissant tout ce qui partagea sa chute; les inconvénients mêmes et les abus lui deviennent précieux, parce qu'ils lui paraissent, dans le lointain, liés intimement aux avantages dont il déplore la perte.

Cette disposition non-seulement s'oppose à l'amélioration du nouveau système, mais elle interdirait le perfectionnement de l'ancien. On éprouve une vénération superstitieuse pour un composé dont on n'ose examiner les parties, de peur de les disjoindre. On oublie que l'on doit juger ce qui n'est plus comme ce qui n'a jamais été, et que si, lorsqu'il est question de détruire, il ne faut détruire que ce qui est funeste, quand il s'agit de relever, il ne faut relever que ce qui est utile ; et après ce retour aux préjugés, l'asservissement est plus complet, la soumission plus illimitée, que si l'on ne s'en fût jamais écarté.

Ce n'est donc pas assez d'avoir conquis la liberté, d'avoir fait triompher les lumières, d'avoir acheté, par de grands sacrifices, ces deux biens inestimables, d'avoir mis, par de grands efforts, un terme à ces sacrifices, il faut encore empêcher que le mouvement rétrograde, qui succède inévitablement à une impulsion excessive, ne se prolonge au delà de ses bornes nécessaires, ne prépare le rétablissement de tous les préjugés, ne laisse enfin, pour vestige du changement qu'on voulut opérer, que des débris, des larmes, de l'opprobre et du sang.

## II.

### Des devoirs du Gouvernement dans les Réactions contre les hommes.

Les devoirs du gouvernement sont très-différents dans ces deux espèces de réactions.

Contre celles qui ont pour objet les hommes, il n'a qu'un moyen, c'est la justice. Il faut qu'il s'empare des réactions, pour ne pas être entraîné par elles. La succession des forfaits peut devenir éternelle, si l'on ne se hâte d'en arrêter le cours.

Mais, en remplissant ce devoir, le gouvernement doit se garder d'un écueil dangereux : c'est le mépris des formes, et l'appel des opprimés contre les oppresseurs. Il doit contenir les premiers en même temps qu'il les venge.

Un gouvernement faible fait tout le contraire ; il craint de sévir, et souffre qu'on massacre. Par une déplorable timidité, tout en désirant que les scélérats périssent, il veut que le danger de la sévérité ne retombe pas sur lui. Dans l'aveuglement qui accompagne la crainte, l'exagération de son impuissance lui paraît un moyen de sûreté. Il dit à qui lui demande une juste vengeance : « Nous ne pouvons punir des forfaits que nous détestons ;» c'est dire : «Vengez-vous.» Il dit à qui réclame contre des cruautés illégales : « Nous ne pouvons vous dérober à une fureur dont nous gémissons ;» c'est dire : « Défendez-vous.» C'est ordonner la guerre civile ; c'est forcer l'innocence au crime, le crime à la résistance, tous les citoyens au meurtre ; c'est proclamer l'empire de la violence, et se rendre responsable de tous les délits qui se commettent. Malheur au gouvernement qui, restant neutre entre les attentats anciens et les attentats nouveaux , ne se sert de son pouvoir que pour se maintenir dans cette neutralité honteuse, et, tandis qu'il devrait régir, ne songe qu'à exister !

Il se trompe même dans cette lâche espérance. C'est à tort qu'il croit se faire un parti, en accordant l'impunité à ceux auxquels il refuse la justice. Ces hommes s'irritent de ce qu'il les force à devoir au crime ce que les lois leur avaient promis. Souffrir l'illégalité , tolérer l'arbitraire , n'assure pas même la reconnaissance de qui profite de cette faiblesse.

Le gouvernement reunit ainsi contre lui toutes les haines ; celles du coupable qu'il abandonne à un châtiment illégitime ; celle de l'innocent, qu'il rend coupable. Il perd le mérite de la sévérité sans en éviter l'odieux.

Lorsque la justice est remplacée par un mouvement populaire, les plus exagérés, les moins scrupuleux, les plus féroces, se mettent à la tête de ce mouvement. Des hommes de sang s'emparent de l'indignation qui s'élève contre les hommes de sang, et après avoir agi contre les individus au mépris des lois, ils tournent leurs armes contre les lois mêmes.

Impassible, mais fort, le gouvernement doit tout faire par sa propre force, n'appeler à son secours aucune force étrangère, tenir dans l'immobilité le parti qu'il secourt, comme le parti qu'il frappe, et sévir également contre l'homme qui veut devancer la vengeance de la loi et contre celui qui l'a méritée.

Mais il faut pour cela qu'il renonce aux flatteries enivrantes. L'impassibilité n'excite pas l'enthousiasme. On ne viendra pas le féliciter comme lorsqu'il manque à ses devoirs. Les passions déchaînées ne porteront pas à ses pieds l'hommage tumultueux d'une reconnaissance effrénée. Tout le monde criait: « Gloire à *la Convention!* » lorsque, cédant à l'entraînement de la réaction, elle laissait remplacer les maux qu'elle avait faits par des maux qu'elle aurait dû prévenir.

C'est par une erreur dont la révolution est la cause

que le gouvernement s'est persuadé qu'il devait avoir un parti pour lui. Toutes les factions cherchent à accréditer cette erreur. Chacune d'elles aspire à devenir centre, et prétend faire signe au gouvernement de l'entourer.

Cette prétention leur suggère les raisonnements les plus bizarres. Comme elles sentent bien que la majorité dont elles se vantent, ne peut jamais être qu'ondoyante et passagère, elles se gardent de distinguer cette majorité d'un jour, de la majorité durable. Il faudrait, pour les satisfaire, que le gouvernement fût toujours en observation pour découvrir, et toujours en marche pour rattraper cette majorité fugitive. *Le gouvernement ne doit s'arrêter,* disent-elles, *que lorsqu'il est au centre de ses vrais intérêts ; lorsqu'il n'y est pas, il doit s'y replacer, et seulement alors il se fixe, parce que là seulement convergent tous les rayons de la circonférence.*

Cette métaphysique figurée, qui réunit à l'obscurité de l'abstraction le vague de la métaphore, sert admirablement à confondre toutes les idées, et à remplacer des notions précises par d'indéfinissables images.

Qui ne croirait, d'après ces principes, que le centre des intérêts du gouvernement est un point tellement marqué, tellement évident, tellement perceptible à tous les yeux, qu'au moment où le gouvernement s'y placera, il s'élèvera un cri unanime d'assentiment et d'approbation? Et qui ne voit, au contraire, que, surtout à la fin d'une révolution, tous les intérêts ayant été froissés, les anciens intérêts subsistant encore, les intérêts nouveaux forts de leur jeunesse, chacun voudra faire de son intérêt le centre du gouvernement, et que celui-ci, ballotté par tous ces intérêts successifs et opposés, n'acquerra jamais ni stabilité, ni force, ni dignité, ni confiance?

Il faut qu'immobile, il laisse s'agiter, se briser à ses pieds tous les intérêts particuliers, tous les intérêts de classe, que son immobilité les force à l'entourer, à s'arranger, chacun de la manière la plus tolérable, et à concourir, quelquefois malgré eux, au rétablissement du calme, et à l'organisation du nouveau pacte social. Lorsqu'on veut rallier autour d'un étendard une armée dispersée, porte-t-on cet étendard çà et là dans la plaine, le présentant à chaque fuyard, le plantant au milieu de chaque groupe, l'en arrachant aussitôt pour le faire flotter ailleurs? Ne le place-t-on pas plutôt sur quelque éminence, vers laquelle tous les yeux se tournent, tous les pas se dirigent, de sorte que la multitude, voyant enfin le point fixe, soit, pour ainsi dire, involontairement entraînée à se rassembler alentour?

Il faut que ce qui est passionné, personnel et transitoire, se rattache et se soumette à ce qui est abstrait, impassible et immuable. Il faut que le gouvernement repousse cette réminiscence révolutionnaire, qui lui fait rechercher une autre approbation que celle de la loi. Il doit trouver son éloge, là où sont écrits ses devoirs, dans la constitution qui est toujours la même, et non dans les applaudissements passagers des opinions versatiles.

## III.

### Des devoirs du Gouvernement et des écrivains dans les réactions contre les idées.

Si, dans les réactions contre les hommes, le gouvernement a surtout besoin de fermeté, dans les réactions contre les idées, il a besoin surtout de réserve. Dans les unes, il faut qu'il agisse ; dans les autres, qu'il maintienne. Dans les premières, il importe qu'il fasse tout ce que la loi ordonne ; dans les secondes, qu'il ne fasse rien de ce que la loi ne commande pas.

Les réactions contre les idées portent sur des institutions ou sur des opinions. Or les institutions ne demandent que du temps, les opinions que de la liberté.

Entre les individus et les individus, le gouvernement doit mettre une force répressive ; entre les individus et les institutions, une force conservatrice ; entre les individus et les opinions, il n'en doit mettre aucune.

Lorsque vous avez établi une institution, ne vous irritez pas de ce qu'on la désapprouve. Ne cherchez pas à empêcher qu'on ne déclame contre elle : n'exigez la soumission que d'après les formes et devant la loi. Ignorez l'opposition ; supposez l'obéissance ; maintenez l'institution : avec la loi, les formes et le temps, l'institution triomphera.

Lorsque vous avez, je ne dirai pas établi une opinion, Dieu vous préserve d'en établir, mais renversé la puissance de quelqu'opinion qui fut jadis un dogme, ne vous effrayez pas de ce qu'on la regrette ; ne prohibez pas l'expression de ces regrets ; n'allez pas lui décerner les honneurs de l'intolérance : feignez d'ignorer son existence même ; opposez à son importance votre oubli ; laissez à qui le voudra le soin de la combattre : il se présentera des combattants, n'en doutez pas, lorsque l'odieux du pouvoir ne rejaillira plus sur la cause. Ne comprimez que les actions, et bientôt l'opinion, examinée, appréciée, jugée, subira le sort de toutes les opinions que la persécution n'ennoblit pas, et descendra pour jamais de sa dignité de dogme.

La justice prescrit au gouvernement cette conduite. La prudence encore la lui prescrit.

Les réactions contre les hommes n'ont qu'un but, la vengeance, et qu'un moyen, la violation de la loi. Le gouvernement n'a donc à prévenir que des délits précisés d'avance. Mais les réactions contre les idées sont variées à l'infini, et les moyens sont plus variés encore. Si le gouvernement veut être actif, au lieu d'être simplement préservateur, il se condamne à un travail sans fin ; il faut qu'il agisse contre des nuances : il se dégrade par tant de mouvements pour des objets presque imperceptibles. Ses efforts, renouvelés sans cesse, paraissent puérils : vacillant dans son système, il est arbitraire dans ses actes : il devient injuste, parce qu'il est incertain : il est trompé parce qu'il est injuste.

C'est aux hommes qui dirigent l'opinion par les lumières, à s'opposer aux réactions contre les idées. Elles sont le domaine de la pensée seule, et la loi ne doit jamais l'envahir.

Il est beau, le traité entre la puissance et la raison, ce traité par lequel les hommes éclairés disent aux dépositaires d'un pouvoir légitime : «Vous nous garantirez de toute action illégale, et nous vous préserverons de tout préjugé funeste. » — « Vous nous entourerez de la protection de la loi, et nous environnerons vos institutions de la force de l'opinion. »

Mais dans l'accomplissement de ce traité, les deux partis doivent être également scrupuleux et fidèles. Il faut que le gouvernement ne voie pas, dans toute réclamation hardie, un sujet de défiance. Il faut aussi que ceux qui prétendent l'éclairer n'aient pas de secrètes pensées qui motivent cette défiance, alors même que leurs professions de foi publiques semblent ne pas la mériter. Si, sectateurs obstinés de préjugés chéris, ils consacrent en silence à ces divinités mystérieuses l'encens qu'ils paraissent brûler en l'honneur de la divinité nationale, ils ravalent la dignité de leur ministère ; ils dépopularisent la raison, par l'usage qu'ils font du raisonnement : ils perdent tous leurs droits à être écoutés des gouvernants, et rendent suspecte la langue sacrée qui devrait servir aux gouvernés contre l'oppression.

## IV.

### De la conduite des écrivains actuels.

L'un des dangers des révolutions, c'est que, dans les ébranlements qu'elles causent, les vérités, se précipitant avec les crimes, se trouvent souillées par cette funeste association.

On oublie qu'il faut laisser s'apaiser l'orage des passions, avant de juger les idées, ou pour mieux dire qu'en recueillant toutes ses forces pour comprimer, pour anéantir le crime, sous quelque prétexte qu'il se commette, il faut ajourner, jusqu'en des temps plus heureux, l'examen du principe que les criminels ont choisi pour leur prétexte.

Cette erreur est naturelle : est-ce au milieu de la mêlée, tandis qu'il faut écraser des scélérats, réunis autour d'un étendard que le hasard a mis entre leurs mains, et que leur rage a défiguré, que l'on peut discerner cet étendard ?

Mais quelqu'excusable que soit cette sensibilité profonde que la vue de la douleur prive de la puissance d'abstraire et du don de raisonner, quelque respectable même que puisse être l'homme qui, a l'aspect du sang, se déclare à la fois, et contre celui qui l'a versé, et contre le principe au nom duquel il a été répandu, l'homme qui, d'impulsion et sans examen, embrasse jusqu'à l'opinion du malheureux, il n'en est pas moins important, alors qu'une révolution s'achève, et ne demande qu'à se calmer, d'en revenir à des appréciations plus justes, et à des jugements moins exaltés.

Comme on en a fait la remarque : *Lorsqu'un gouvernement commence, ce ne sont pas seulement des gouvernants qui ne savent pas commander, ce sont encore des gouvernés qui ne savent plus obéir. En enseignant au peuple la désobéissance envers l'autorité sous laquelle il naquit, on la lui enseignait bien plus envers celle qui allait naître. En le dressant à l'insurrection, on lui donnait une leçon qu'un jour il devait répéter à son maître. Le gouvernement devant au même instant le redresser à l'obéissance, et se former au commandement, on ne conçoit pas qu'il puisse se conserver.*

Il faut donc que tous les hommes, dont l'influence peut ramener l'habitude de la subordination, se rallient au gouvernement. S'ils se mettent encore contre lui, s'ils secondent de leurs moyens d'opinion la disposition à la résistance, jamais l'ordre ne pourra renaître ; jamais les gouvernants ne reprendront cette confiance en eux-mêmes qui les empêche de recourir à l'arbitraire ; jamais les gouvernés ne se façonneront à la soumission qui les préserve de l'anarchie.

Lorsque les écrivains se permettent des insinuations amères, des déclamations exagérées, des regrets inutiles, ils n'agissent pas seulement contre le gouvernement particulier qu'ils n'aiment pas, mais contre l'idée générale de l'ordre. Ils mettent un obstacle de plus à son rétablissement ; ils confirment le peuple dans l'habitude du mécontentement, et font sentir au gouvernement la nécessité de l'arbitraire. L'un s'irrite et se refuse à l'obéissance, l'autre s'effraie et a recours à la vexation. Un troisième inconvénient retombe sur les écrivains eux-mêmes. Ils ôtent à leurs représentations les plus sages, à leurs réclamations les mieux fondées, tout le poids qu'elles auraient, en plaçant à côté d'elles des personnalités et des allusions qui décréditent l'ouvrage et l'auteur, même auprès de la malignité qui les accueille. Lorsqu'un écrivain fait succéder à l'expression transparente de ses regrets, des considérations sur tel abus, on est disposé à le soupçonner de vouloir rétablir ce qu'il regrette, et l'on pense qu'il n'attaque les abus, que parce qu'il les croit favorables à ce qu'il hait. De la sorte, l'on s'attache à l'abus de par son adversaire, et ce dernier ne gagne à son double effort que d'en détruire l'effet.

Ces reproches sont mérités aujourd'hui par une classe d'écrivains nombreuse et puissante, qui semble employer tous ses moyens à prolonger cette agitation des esprits, cette exagération rétrograde des opinions. Elle ajoute à la vélocité de l'impulsion presque matérielle qui nous entraîne à la fois loin des idées libérales, et loin des crimes révolutionnaires, et combat les vérités par des ressentiments et les principes par des souvenirs.

Cette classe est composée d'hommes qui furent longtemps et justement célèbres; j'ajouterai, d'hommes qui ont rendu de grands, d'éminents services à la chose publique. Ils ont, avec constance et avec courage, appelé, provoqué, exigé, obtenu une foule de mesures douces et humaines: faibles réparations de la plus exécrable tyrannie. Mais, dans cette lutte honorable contre les restes affreux du régime révolutionnaire, ils ont contracté l'habitude de lutter. Ils mettent leur orgueil à fronder la liberté, comme le despotisme, la vérité comme l'erreur. Ils perdent le mérite du courage, en l'employant dans tous les sens. L'utilité ne leur est de rien, l'opposition leur semble tout, et, par une méprise funeste, tandis que l'honneur est dans le but, ils le placent dans la résistance.

Ils n'ont pu pardonner à la révolution de les avoir

dépossédés d'une portion de gloire impossible à reconquérir. Ils ont senti qu'elle dépassait leur hardiesse, qu'elle leur enlevait les faciles triomphes qu'ils remportaient avec une apparence honorable de danger sur une autorité expirante. Ils s'étaient distribué des rôles dans une pièce qui devait être d'un intérêt général. Ils regardent leur suprématie d'opinion comme une partie essentielle de l'ordre social, et ils ne peuvent croire au rétablissement de l'ordre social, qu'on ne rétablisse leur suprématie.

De là, cette aigreur contre les hommes et contre les choses ; de là, cet acharnement à se servir toujours d'armes émoussées, et cette indignation, mêlée de surprise, de ce que leurs coups restent sans effet; de là, ce regret véritable de leur considération passée, et ce regret apparent du système qui leur valait cette considération.

Leurs regrets sont puériles, mais ils sont naturels : on les jugerait avec indulgence ; on pardonnerait à leurs prétentions, dernières ruines d'un édifice détruit, si la direction qu'ils donnent à l'opinion, si les moyens qu'ils emploient ne nous menaçaient des plus grands maux. Mais on chercherait vainement à se déguiser combien la réaction qu'ils favorisent est générale et rapide. De quelque côté que l'on jette les yeux, l'on voit sortir, comme de terre, des préjugés que l'on croyait détruits.

Tantôt ce sont des préjugés de détail, que l'on ne regrette que comme faisant partie d'un grand tout. On les allie, par une ruse pitoyable, à des souvenirs qui leur sont absolument étrangers : dans des questions de législation, l'on évoque les excès de l'anarchie ; on attaque une loi de par ses auteurs ou sa date ; on arguë, contre des opinions abstraites, d'après des crimes qui n'ont avec elles de rapport que leur époque.

Tantôt on exhume des sophismes depuis longtemps oubliés en faveur de ces préjugés plus généraux, dont l'obscurité compliquée est, par cela seulement, moins évidente. Composés d'un enchaînement d'erreurs, il faut, pour les apprécier, suivre un enchaînement d'idées ; et retranchés derrière ce boulevard, que ne peut franchir la foule inattentive, ils demeurent sacrés à ses yeux.

Enfin l'on travaille, avec plus de zèle encore, au rétablissement des préjugés religieux. Des hommes qui n'ont dû qu'à un long apprentissage d'incrédulité, leur éclat éphémère ; des hommes, proclamés jadis illustres, sous la condition qu'ils seraient impies, violant aujourd'hui cette clause expresse du traité, emploient une plume vieillie dans la répétition des sarcasmes de Voltaire : une lumière descendue du ciel semble tout à coup avoir éclairé une foule d'athées fanatiques, de sceptiques dogmatiseurs, d'incrédules intolérants. S'ils se bornaient à réclamer contre une persécution, absurde autant qu'inique, et qui marche contre son but, nous les seconderions de tous nos efforts. Mais en s'élevant contre une injustice présente, on les voit méditer une injustice future. En invoquant, comme tous les partis faibles, le droit sacré de la tolérance, ils conservent du goût pour la persécution. Vous les voyez s'extasier sur la piété des Athéniens, dans la condamnation de Socrate. *Peuple sublime,* s'écriait un journaliste, *peuple sublime, dans l'esprit duquel on ne parvint à perdre le plus vertueux des hommes, qu'en le faisant passer pour impie.*

Ainsi les opinions libérales sont attaquées par des transfuges de la philosophie, par les disciples mêmes de ces génies immortels, qui ont osé rêver la régénération de l'espèce humaine.

Autrefois, fatigué de la pression des classes supérieures, chacun tirait à soi celle qui pesait immédiatement sur lui ; et cet effort simultané produisit un bouleversement universel. Aujourd'hui, épouvanté de ce bouleversement, chacun pense qu'il ne peut se relever, sans relever aussi ce qui jadis l'entourait, et même ce qui était au dessus de lui. Le sentiment de la pression lui paraît un gage de sécurité. L'on bâtit sur un terrain vierge, mais on bâtit avec des souvenirs. Nous sommes tellement effrayés des révolutions, que tout ce qui est neuf nous paraît révolutionnaire, et presque tout ce qui n'est pas abusif est neuf.

Le gouvernement seul lutte encore contre cette disposition générale. Il lutte, mais avec effort, et le combat même est, pour la liberté, un danger d'un genre nouveau.

Si cette habitude se consolidait, de deux contre-révolutions morales il ne pourrait manquer de s'en opérer une : ou les écrivains l'emporteraient sur le gouvernement, et alors les lumières perverties ramèneraient toutes les idées qu'elles-mêmes avaient détruites; ou le gouvernement l'emporterait sur les écrivains, et alors le gouvernement, repoussant ces idées, repousserait en même temps les lumières. L'isolement le rendrait forcément sombre, égoïste et ambitieux. Obligé de fermer l'oreille à la voix publique, il l'ouvrirait bientôt à celle de son intérêt particulier, et le despotisme militaire assurerait à la fois l'anéantissement des préjugés anciens, l'établissement d'un mépris grossier pour les lumières, flétries dans la défense de ces préjugés, et la perte de la liberté.

Assurément les écrivains que je viens de peindre sont loin de prévoir tous ces maux. Ce n'est pas sans retour qu'ils ont abjuré des principes dont leur jeunesse a été nourrie, auxquels ils doivent leur première gloire, et qui, de quelques excès qu'ils soient le prétexte, ne peuvent perdre leur empire sur des âmes élevées et sur des esprits éclairés. Il y a dans la pensée, dans la méditation, dans l'étude, une tendance naturelle vers l'indépendance et vers la raison. Ceux des hommes de lettres qui sont de bonne foi dans leur opposition à l'autorité, contractent, par cette opposition même, une habitude de réclamation qui doit leur faire à jamais un besoin généreux de la résistance à l'arbitraire. Dès qu'ils apercevront le despotisme à découvert, dès qu'ils discerneront l'abîme vers lequel les poussent leur éloignement pour quelques hommes, et leurs préjugés contre quelques institutions, ils reviendront à leur destination primitive ; ils se rallieront autour d'une cause qu'ils ont abandonnée, sans vouloir la trahir, et la liberté verra, réunis sous ses bannières, ses anciens comme ses nouveaux amis.

Déjà paraissent plusieurs symptômes de ce retour salutaire. Des écrivains, qui, pendant trop longtemps, ont abusé de leur talent d'amertume, regardent tout à coup autour d'eux, et s'étonnent de voir appliquer à leurs opinions chéries ce qu'ils avaient dit contre des mesures ou contre des hommes qu'ils détestaient. Illibéraux dans leurs inimitiés personnelles, ils sont éminemment libéraux dans leurs principes abstraits, et j'ose leur annoncer qu'ils ne tarderont pas à se joindre aux hommes mêmes qu'ils ont attaqués. Ils verront que leur cause est inséparable de celle de tous les amis de la liberté. Ils pardonneront des erreurs ; on leur pardonnera des injustices.

Mais cette réunion tardive pourra-t-elle encore mettre un terme à la réaction dont la violence s'accroît d'heure en heure ? Les hommes créent les circonstances ; mais les circonstances entraînent les hommes : la main qui donna le mouvement est rarement celle qui le dirige ou l'arrête, et le premier auteur d'une impulsion tombe souvent victime de celui qui s'en empare.

Lorsque les Girondins voulurent la république, une foule de citoyens vertueux leur criait : « L'anarchie vous suit, elle vous seconde, elle vous dévorera. » Ce fut en vain. L'enthousiasme les aveuglait sur ses dangers. Ils ne virent pas les monstres qui formaient leur terrible arrière-garde. Ils fondèrent la république, et la féroce Montagne la renversa sur ses fondateurs.

Derrière ces écrivains, dont les intentions sont pures, mais que dominent des souvenirs amers, ou d'excessifs scrupules, marche, avec des vues plus vastes, des moyens mieux combinés, des projets mieux suivis, un parti montagnard de sa nature, mais montagnard pour l'anarchie.

Les hommes qui composent ce parti, sont exempts du moins du reproche d'inconséquence. Ce ne sont point des apostats de la liberté. Ils n'ont jamais pris d'engagements avec elle, ni fait aucun pas dans cette noble et périlleuse carrière.

De tout temps gouvernés par des opinions étroites, ou par des intérêts plus étroits encore, sectaires constants de l'illibéralité, sous la monarchie délateurs des philosophes, panégyristes de l'intolérance, apologistes de la Saint-Barthélemy, sous la république, enthousiastes de la monarchie, et fiers des crimes qui ont souillé la plus juste des révolutions, ils apportent aujourd'hui en pompe une désastreuse expérience, à l'appui d'une avilissante théorie. Ils nous étalent leurs prophéties prétendues. Ils comptent avec une joie féroce les blessures de leur pays. Ils ne voient, dans les malheurs de la France, qu'une preuve en faveur de leurs dégradants systèmes. Odieux par leurs principes, odieux par leurs prédictions, plus odieux par leur joie, ils tirent de nouveaux sophismes des calamités que leurs sophismes causèrent. C'est en prêchant la résistance à des améliorations nécessaires qu'ils ont amené, au lieu de ces améliorations, des déchirements ; et comme si leur destination éternelle était d'empoisonner tous les biens, et d'évoquer tous les maux, après s'être opposés à ce qu'on améliorât, ils s'opposent aujourd'hui à ce qu'on répare.

Un grand nombre de journaux est sous la direction de ces hommes.

## V.

### Des Journaux.

Je ne veux point ici blâmer en général l'existence des journaux. La nécesssité d'écrire tous les jours me paraît, il est vrai, l'écueil du talent. Ce calcul journalier, qui fait d'une feuille un revenu, qui suppute les souscriptions, qui établit une rétribution pécuniaire, si positive et si détaillée, entre le lecteur dont on flatte l'opinion, et l'écrivain qui la flatte, ne laisse ni le temps ni l'indépendance que demande la composition d'ouvrages utiles. Le besoin de frapper par des réflexions fortes, mène à l'exagération : celui d'amuser par des anecdotes, entraîne à la calomnie. Tous ces inconvénients s'aggravent encore par les querelles polémiques, par les disputes personnelles, inséparables de cette profession. Un journaliste renonce à la dignité d'homme de lettres, à la profondeur du raisonnement, à la liberté de la pensée. D'ordinaire un journal est plus mauvais que son auteur; et d'ordinaire encore un auteur devient plus mauvais par son journal.

C'est avec regret que j'exprime ces vérités sévères. Je ne me déguise pas que les journaux sont une ressource très-efficace, peut-être la plus efficace, et quelquefois la seule, contre les actes d'oppression individuelle, qui sont inséparables de tout gouvernement administré par des hommes. Mais cette considération redouble mon ressentiment contre ceux qui, par l'abus qu'ils font de cette ressource, tendent à la rendre odieuse et illusoire.

Lorsqu'on pense qu'il y a, chaque jour, trois à quatre cents écrivains, inventant ou répétant des anecdotes calomnieuses contre tous les hommes distingués; et même, pour peu qu'une passion particulière les sollicite ou les soudoie, contre les hommes les plus obscurs; portant la désolation dans les familles; violant le sanctuaire de la vie domestique; déchirant les plus douces affections; semant la dissension entre les époux; rendant les citoyens suspects à l'autorité sous laquelle ils vivent, l'autorité odieuse à ceux sur qui elle est établie; exerçant, en un mot, un genre de persécution indéfinie et minutieuse, qui défie tous les ressentiments, et élude toutes les lois, et commettant tous ces crimes, pour la misérable rétribution journalière, qui sert à les dispenser de tout genre de travail honnête, et de toute occupation légitime, on éprouve, par une injustice involontaire, contre l'institution même, qui est sujette à de pareils abus, un mélange de mépris et d'horreur ; et l'on a besoin de se rappeler que ce n'est qu'en France et depuis la révolution, que certains journalistes se sont regardés comme une classe ennemie de toutes les autres classes, et affranchie de tous les devoirs sociaux.

Il est cependant, je ne veux point le nier, plusieurs journaux qui méritent l'estime. Il en est dont les écarts ne sont point sans excuse. Je ne parle ici que de ceux qui font de la calomnie une spéculation mercantile, et qui, renchérissant les uns sur les autres, la mettent pour ainsi dire au concours. J'en connais de tels dans tous les partis ; je les ai tous en vue, et si je déteste davantage ceux qui attaquent la liberté, je ne méprise pas moins ceux qui la souillent en la défendant.

La puissance de ces journaux s'est élevée, comme par magie, au milieu d'un écroulement universel. Elle donne de l'audace aux plus lâches et de la crainte aux plus courageux. L'innocence n'en garantit pas : le mépris ne peut la repousser. Destructive de toute estime et profanatrice de toute gloire, elle défigure le passé, elle devance l'avenir, pour le défigurer de même ; et, grâce à ses efforts et à ses succès, il ne reste, dans une nation, pas un nom sans tache, pas une action qui n'ait été calomniée, pas un souvenir pur, pas une vérité rassurante, pas un principe consolateur.

Ces journaux calomniateurs veulent établir leur magistrature sur un peuple, vainqueur de toute la terre. Cette magistrature est le contraire du gouvernement des meilleurs. C'est le gouvernement des plus vénaux et des plus vils. L'on a vu des nations écrasées par la force : d'autres furent trompées par la superstition. Aucune société encore n'avait choisi pour guides des hommes, qu'elle accablait elle-même de sa déconsidération. Ceux-ci ne fournissent ni l'excuse de l'illusion ni celle de la terreur. Ce n'est ni du fond du sanctuaire, ni du haut du trône, qu'ils l'aveuglent et qu'ils l'asservissent : c'est du sein du mépris qu'ils la corrompent et la dégradent. Ils sont réunis par le mensonge : ils ont pour principe une ligue impie en faveur de tout ce qu'ils disent à l'envi de faux, d'injuste ou de calomnieux. Leur opprobre fait leur puissance : ils étalent leur dégradation, et vous les entendez, naïfs dans leur bassesse, se vanter de ce qu'à l'abri de cette égide, ils lancent impunément leurs traits empoisonnés, et déshonorent avec d'autant plus d'audace que leur sauvegarde est le déshonneur.

La plupart de ces écrivains sont à cette époque de la vie où l'âme, neuve encore, suit toutes les impulsions de la nature, et dont le partage est une noble imprudence, une généreuse indignation, une fierté préservatrice, un désintéressement exalté, l'amour du vrai, la haine du vice, toutes ces sensations, presque physiques dans nos premières années, et qu'on voit avec tant de peine la vieillesse décomposer et flétrir : et c'est à l'entrée de leur carrière qu'ils trafiquent volontairement d'opprobre, renoncent à leur propre estime, et dans leur monstrueuse alliance avec les sectaires vieillis des préjugés vaincus, présentent de toutes les réunions, la plus hideuse, la grossièreté brutale de la jeunesse, et la corruption raffinée de l'âge avancé.

A leur voix tout un peuple, digne jadis de la liberté, descend dans la servitude. A leur voix se flétrissent nos espérances : la victoire devient inutile : les défenseurs de la patrie tombent insultés et méconnus, la calomnie empoisonne et dévaste nos foyers ; et, ce qui partout eût commandé la reconnaissance et l'enthousiasme, excite parmi nous l'insolence de l'ingratitude, l'espoir d'un doute coupable, ou le sourire du dédain.

## VI.

### Des Ressources qui restent aux amis de la liberté et des lumières.

Dans ce dépérissement de l'opinion, dans cette dissolution apparente de tout esprit national, quel espoir peuvent conserver encore les amis de la liberté et des lumières? quels moyens ont-ils? quels plans doivent-ils suivre?

Leur cause n'est point perdue. Ils ne la trahiront point. Ils ne composeront avec aucun genre de réaction.

De leur constance et de leur succès dépend et le salut de la chose publique, et celui même de la tourbe imprudente qui les abandonne ou les proscrit.

Le système que servent aujourd'hui des hommes jadis patriotes, franchira toujours toutes les barrières. Il dévorera indistinctement tout ce qui ne lui fut pas dévoué jusqu'au fanatisme. Si ce système affreux triomphait, la proscription serait sans terme et sans bornes. Il est des hommes dans l'âme desquels la pitié n'entre jamais. L'exil, les cachots, les échafauds, toutes les calamités des partis vaincus, ne font naître en eux qu'une joie féroce. En attendant l'orgueil du triomphe, ils ont l'exultation de la cruauté. Ils déchirent des cadavres, ils foulent aux pieds des cendres, ils profanent des tombeaux.

Ces hommes attendent la chute des républicains, pour s'élancer sur ceux mêmes qu'ils encouragent pendant la lutte. Dans leurs alliés d'aujourd'hui, ils marquent déjà les victimes de demain.

Ils ne déguisent point leurs ressentiments, tant ils comptent sur vos passions aveuglées, vous que traîne à leurs pieds un tardif et vain repentir.

Vous pardonneront-ils, généreux enthousiastes, qui, les premiers, avez donné le signal de la révolution qu'ils détestent, dont les noms sont attachés aux plus brillantes époques de l'affranchissement des Français, qui avez brisé vos propres priviléges, et dont le désintéressement ne leur paraît qu'un crime de plus ?

Vous pardonneront-ils, égoïstes ambitieux, à qui l'on n'a pas à reprocher des vertus, mais des fautes, qui avez mêlé vos vues particulières aux grands intérêts de la nation, et dont les calculs personnels ont détourné la révolution des sentiers de la morale ?

Vous pardonneront-ils enfin, à vous, hommes vraiment coupables, assassins convertis, proconsuls repentants ? Qu'attendez-vous de leur indulgence ? Quel traité peut être durable entre le crime qui abdique et la vengeance qui ressaisit le pouvoir ?

Vous tous, qui pendant un jour, pendant une heure, avez espéré de la révolution, vous qui l'avez applaudie, ou secondée, ou souillée, constituants, législatifs, conventionnels, feuillants, jacobins, criminels d'acclamations ou coupables de silence, vous êtes frappés d'un égal anathème. Votre sort à tous est décidé.

De toutes parts se multiplient des pamphlets incendiaires ou perfides. Et les hommes de cœur gardent le silence ! Est-ce mépris pour de si misérables adversaires ? Rien de ce qui se répète n'est à mépriser : tout a son effet dans les réactions, et le défaut du talent, l'absence de la bonne foi, le ridicule de la versatilité, ne suffisent point pour affaiblir des coups portés dans le sens de l'opinion. Est-ce déférence pour la domination de la mode ? Ah ! pour apprendre à dédaigner l'idole, qu'ils contemplent les adorateurs. Qu'ils voient cette race puérile, éphémère, efféminée, bourdonnante, semblable aux ombres que nous peint Homère, privée de connaissance et d'idées, dénuée de jugement, de caractère, de passions même, et s'agitant dans le vide, imitatrice impuissante, mais infatigable des actions des hommes !

Multa variarum monstra ferarum,
— Tenues sine corpore vitas
Admoneat volitare, cava sub imagine formæ.

Il est vrai, ces êtres d'un jour, qui n'ont qu'une existence artificielle, des mouvements copiés, des mots de ralliement, ces êtres travestis burlesquement en dispensateurs de la gloire, veulent ressusciter l'empire des salons, le tribunal de la mode, de cette puissance législatrice de la vanité, indestructible comme elle, et chérie de tout ce qui est nul, parce qu'en rassemblant, elle paraît réunir, sert à la fois l'amour-propre et la peur, rassure le ridicule en le rendant général, et agrandit les pygmées, en rabaissant le reste du monde à leur diminutive stature. Mais que les amis de la liberté, que ceux des lumières se raniment : qu'ils avancent vers ces légers fantômes : dès leurs premiers pas, ces fantômes se dissiperont : qu'alors, sans s'arrêter à les poursuivre, ils couvrent leur vain murmure de la voix forte et mâle de la vérité.

Qu'ils rappellent des axiomes éternels, qu'ils foudroient les préjugés qu'on relève, qu'ils rectifient les principes que l'on dénature : qu'ils défendent, avec un courage inébranlable, et sans redouter de calomnieuses interprétations, les hommes, jadis exaltés dans leurs opinions, mais non souillés de crimes, dont on veut aujourd'hui, soit imprudence ou perfidie, faire une race à la fois proscrite et terrible, qui n'ait d'asile sur la terre que sous les débris de l'ordre social ; qu'ils les défendent, dis-je, en les contenant ; que ralliés, non pas à l'opinion qui suit les crises, mais au gouvernement, lorsqu'il modère l'opinion, ils garantissent ce gouvernement de la ressource enivrante et destructive de l'arbitraire, et développent enfin la force réparatrice, qu'à l'insu peut-être de quelques-uns de ses défenseurs, renferme la Constitution.

Pour établir plus solidement le règne des principes, qu'ils confondent d'abord ceux qui les exagèrent, ces ennemis adroits de la liberté, devenus tout à coup, de courtisans faciles des circonstances, d'amis complaisants de l'arbitraire, des logiciens sévères, et des métaphysiciens rigoureux.

Qu'ils fassent ressortir leurs contradictions, en prouvant par les faits qu'ils ont combattu de tous leurs moyens la doctrine même qu'ils réclament, qu'ils se sont réfutés d'avance, qu'ils ont désigné, comme des fauteurs de l'anarchie, comme des ennemis de l'ordre public, ceux qui tenaient jadis leur langage d'aujourd'hui, et que c'est dans leurs propres discours, dans leurs éloquentes harangues, dans leurs pathétiques déclamations, que l'on peut trouver leur condamnation la plus sévère.

Les mêmes hommes qui maintenant invoquent la liberté illimitée de la presse, s'élevaient avec fureur contre cette liberté, lorsqu'ils n'avaient pas besoin qu'elle existât, ou pour mieux dire, lorqu'ils avaient besoin qu'elle n'existât pas. Alors, il fallait prévenir les maux, au lieu de les punir. Alors, les feuilles périodiques étaient un poison terrible, une liqueur enivrante, dont le gouvernement devait garantir le peuple.

Une réunion bizarre de circonstances, les pousse aujourd'hui dans un sens contraire. La puissance et les préjugés étant pour le moment en opposition, leurs défenseurs ont besoin de la licence de la presse pour servir leur cause. Ils recourent à la raison, faute d'avoir reconquis la force. En voulant nous faire rétrograder, ils sont réduits à mettre en usage et à déclarer sacrée la ressource même qui nous a poussés si loin malgré leurs efforts.

C'est un trait caractéristique des révolutions que cette facilité et cette hardiesse des partis à jeter loin d'eux leurs raisonnements, et à saisir les arguments de leurs adversaires, comme on voyait, sur les bords du Scamandre, les héros grecs et phrygiens échanger leurs armes, et recommencer le combat.

Cette conformité de causes dans les erreurs ne devrait-elle pas conduire à un rapprochement mutuel, et à une mutuelle indulgence?

Tout ce que j'ai voulu prouver, c'est que l'exagération des principes, étant le moyen le plus infaillible de les rendre inapplicables, sera toujours une des armes les plus dangereuses que puissent employer les partisans des préjugés.

J'entends proférer ici l'accusation de machiavélisme. Vous voulez, dira-t-on, faire tout pour les circonstances, après avoir si longtemps prétendu ne les pas compter. Vous abandonnez vos principes, dès qu'ils ne servent plus à vos vues. Vous calomniez vos adversaires, lorsqu'ils raisonnent d'après les bases mêmes que vous les avez forcés d'admettre. C'est vous qui êtes inconséquents, versatiles, insidieux ; vous qui opposez les abstractions les plus rigoureuses aux intérêts que vous voulez froisser, et qui faites des exceptions sans nombre, en faveur de vos propres intérêts.

Je suis loin de mériter ce reproche. Tout en repoussant ceux pour qui le raisonnement abstrait est une évolution, et la méthaphysique un stratagème, personne n'est en garde, plus que moi, contre les sectateurs de l'excès contraire, contre ces panégyristes éternels des modifications, qui, cherchant toujours le milieu, restent toujours à moitié chemin, et ne croyant pas que l'ordre social puisse être fondé sur des bases fixes, prennent le balancement pour de l'aplomb, et la fluctuation pour de l'équilibre.

Cette neutralité de l'esprit, entre l'erreur et la vérité, est d'autant plus dangereuse, qu'elle se transforme en qualité aux yeux de ceux qui l'ont adoptée. Comme en pactisant avec tous les abus, ils ménagent tous les systèmes, et négocient avec tous les préjugés, ils se glorifient du nombre de traités partiels qu'ils concluent, ou plutôt qu'ils proposent, et ne sentent pas que ces traités incomplets et contradictoires sont des germes nouveaux de désordres. Il me semble voir un homme, dont les mouvements sont entravés par une foule de frêles liens, et qui dit avec orgueil : « *Un autre les briserait ; moi je les respecte.* » Oui, mais un autre avancerait, vous n'avancez pas, et derrière vous, roule la force des choses; elle approche, elle est imminente, elle vous presse, elle va vous heurter ; vous et vos considérations serez écrasés.

Sans doute, il est un milieu, entre les modifications qui entravent, et les exagérations qui égarent. Ce milieu, ce sont les principes, mais les principes dans toute leur force, dans tout leur ensemble, dans leur ordre naturel, dans leur enchaînement nécessaire, adoptés tous, réunis et classés, se prêtant ainsi un appui mutuel, et pourvoyant à la fois à leur conservation générale, et à leurs applications de détail.

# DES PRINCIPES.

On a tant et si cruellement abusé du mot *principes*, que celui qui réclame pour eux respect et obéissance, est traité d'ordinaire de rêveur abstrait, de raisonneur chimérique. Toutes les factions ont les principes en haine : les unes les considèrent comme ayant amené les maux passés, les autres comme multipliant les difficultés présentes. Ceux qui ne peuvent reconstruire ce qui n'est plus, s'en prennent aux principes, du renversement : ceux qui ne savent pas faire aller ce qui est, les accusent de leur impuissance, et la masse même, qui, en sa qualité d'être composé, n'ayant aucun intérêt aux exceptions individuelles, en a un très-pressant à ce que les principes généraux soient observés, les voyant en butte aux déclamations de tous les partis tour à tour, se prévient et se passionne contre une chose dont ils lui disent tous du mal, tandis que cette chose est la seule qui la garantisse contre eux tous.

La réhabilitation des principes serait une entreprise à la fois utile et satisfaisante : on sortirait, en s'y livrant, de cette sphère de circonstances dans laquelle on se trouve perpétuellement froissé de tant de manières. On serait exempt de tout retour personnel vers les individus : au lieu d'avoir à relever des imprudences ou des faiblesses, on n'aurait à traiter qu'avec la pensée seule. On réunirait, à l'avantage de mieux approfondir les opinions, celui, non moins précieux, d'oublier les hommes.

Mais ce travail exigerait des développements que ne permettent pas les bornes d'un ouvrage, dont je hâte la publication, par un espoir, peut-être mal fondé, d'utilité. Dans la suite, si nul écrivain plus habile ne me devance dans cette carrière, j'essaierai peut-être d'exposer ce que je regarde comme les principes élémentaires de la liberté. Aujourd'hui, je ne puis qu'indiquer les idées fondamentales d'un système qui se compose d'une longue chaîne de raisonnements, et je suis obligé de m'en remettre au lecteur pour suppléer aux intermédiaires, s'il s'y intéresse assez pour cela.

Un principe est le résultat général d'un certain nombre de faits particuliers. Toutes les fois que l'ensemble de ces faits subit quelques changements, le principe qui en résultait se modifie ; mais alors cette modification elle-même devient principe.

Tout dans l'univers a donc ses principes, c'est-à-dire, toutes les combinaisons, soit d'existences, soit d'événements, mènent à un résultat, et ce résultat est toujours pareil, toutes les fois que les combinaisons sont les mêmes. C'est ce résultat qu'on nomme principe.

Ce résultat n'est général que par rapport aux combinaisons desquelles il résulte. Il n'est donc général que d'une manière relative et non d'une manière absolue. Cette distinction est d'une grande importance; et c'est faute de l'avoir faite, que l'on a conçu tant d'idées erronées sur ce qui constituait un principe.

Il y a des principes universels, parce qu'il y a des données premières, qui existent égalemcnt dans toutes les combinaisons. Mais ce n'est pas à dire qu'à ces principes fondamentaux, il ne faille pas ajouter d'autres principes, résultant de chaque combinaison particulière.

Lorsqu'on dit que les principes généraux sont inapplicables aux circonstances, l'on dit simplement que l'on n'a pas découvert le principe intermédiaire qu'exige la combinaison particulière dont on s'occupe. C'est avoir perdu l'un des anneaux de la chaîne; mais cela ne fait pas que la chaîne en existe moins.

Les principes secondaires sont tout aussi immuables que les principes premiers. Chaque interruption de la grande chaîne n'a pour la remplir qu'un seul anneau.

Ce qui fait qu'actuellement nous désespérons souvent des principes, c'est que nous ne les connaissons pas tous.

Lorsque l'on dit qu'il y a telle circonstance qui force à dévier des principes, l'on ne s'entend pas. Chaque circonstance appelle seulement le principe qui lui est propre, car l'essence d'un principe n'est pas d'être général, ni applicable à beaucoup de cas, mais d'être fixe ; et cette qualité compose si bien son essence, que c'est en elle que réside toute son utilité.

Les principes ne sont donc point de vaines théories, uniquement destinées à être débattues dans les réduits obscurs des écoles. Ce sont des vérités qui se tiennent, et qui pénétreraient graduellement jusque dans les applications les plus circonstancielles, et jusque dans les plus petits détails de la vie sociale, si l'on savait suivre leur enchaînement.

Lorsqu'on jette tout à coup, au milieu d'une association d'hommes, un principe premier, séparé de tous les principes intermédiaires qui le font descendre jusqu'à nous, et l'approprient à notre situation, l'on produit sans doute un grand désordre ; car le principe arraché à tous ses entours, dénué de tous ses appuis, environné de choses qui lui sont contraires, détruit et bouleverse ; mais ce n'est pas la faute du principe premier qui est adopté, c'est celle des principes intermédiaires qui sont inconnus : ce n'est pas son admission, c'est leur ignorance qui plonge tout dans le chaos.

Appliquons ces idées aux faits et aux institutions politiques, et nous verrons pourquoi les principes ont dû jusqu'à présent être décriés par des hommes adroits, et regardés par des hommes simples comme des choses abstraites et inutiles. Nous verrons aussi pourquoi les préjugés, mis en opposition avec les principes, ont dû hériter de la faveur qu'on refusait aux premiers.

Naturellement les principes n'étant que le résultat des faits particuliers, par conséquent, dans l'association politique, étant le résultat des intérêts de chacun, ou pour l'exprimer en moins de mots, l'intérêt commun de tous, auraient dû être chers à tous et à chacun ; mais sous les institutions qui existaient, et qui étaient le résultat de l'intérêt de quelques-uns, contre l'intérêt commun de tous, il ne pouvait manquer d'arriver ce que nous venons d'indiquer. On ne pouvait lancer les principes qu'isolément, en laissant au hasard le soin de les conduire, et en s'en remettant à lui du bien ou du mal qu'ils devaient faire. Il devait s'ensuivre, ce qui s'en est en effet suivi, que la première action des principes étant destructive, une idée de destruction s'est attachée à eux.

Les préjugés, au contraire, ont eu ce grand avantage, qu'étant la base des institutions, ils se sont trouvés adaptés à la vie commune par un usage habituel : ils ont enlacé étroitement toutes les parties de notre existence : ils sont devenus quelque chose d'intime : ils ont pénétré dans toutes nos relations; et la nature humaine, qui s'arrange toujours de ce qui est, s'est bâti, des préjugés, une espèce d'abri, une sorte d'édifice social, plus ou moins imparfait, mais offrant du moins un asile. Chaque homme, remontant de la sorte, de ses intérêts individuels, aux préjugés généraux, s'est attaché à ceux-ci, comme aux conservateurs des autres.

Les principes, suivant une route précisément opposée, ont dû éprouver un sort tout différent. Les principes généraux sont arrivés les premiers, sans liaison directe avec nos intérêts, et en opposition avec les préjugés qui protégeaient ces intérêts. Ils ont pris ainsi le double caractère d'étrangers et d'ennemis. On a vu en eux des choses générales et destructives, et dans les préjugés, des choses individuelles et préservatrices.

Lorsque nous aurons des institutions fondées sur les principes, l'idée de destruction s'attachera aux préjugés, car ce seront alors les préjugés qui attaqueront.

La doctrine de l'hérédité, par exemple, est un préjugé abstrait, tout aussi abstrait que peut l'être la doctrine de l'égalité. Mais l'hérédité, par cela seul, qu'existante, il avait fallu organiser son existence, tenait à un enchaînement d'institutions, d'habitudes, d'intérêts, qui descendait jusque dans l'individualité la plus intime de chaque homme. L'égalité, au contraire, par cela seul qu'elle n'était pas reconnue, ne tenait à rien, attaquait tout, et ne pénétrait jusqu'aux individus, que pour bouleverser leur manière d'être. Rien de plus simple, après l'expérience du bouleversement, que la haine du principe, et l'amour du préjugé.

Mais retournez cet état de choses; imaginez la doctrine de l'égalité, reconnue, organisée, formant le premier anneau de la chaîne sociale, mêlée par conséquent à tous les intérêts, à tous les calculs, à tous les arrangements de vie privée ou publique. Supposez maintenant la doctrine de l'hérédité, jetée isolément, et comme théorie générale, contre ce système, ce sera alors le préjugé qui sera le destructeur; le préservateur sera le principe.

Qu'on me permette encore un exemple. C'est un principe universel, vrai dans tous les temps, et dans toutes les circonstances, que nul homme ne peut être lié que par les lois auxquelles il a concouru. Dans une société très-resserrée, ce principe peut être appliqué d'une manière immédiate, et n'a pas besoin pour devenir usuel, de principe intermédiaire. Mais dans une combinaison différente, dans une société très-nombreuse, il faut joindre un nouveau principe, un principe intermédiaire à celui que nous venons de citer. Ce principe intermédiaire, c'est que les individus peuvent concourir à la formation des lois, soit par eux-mêmes, soit par leurs représentants. Quiconque voudrait appliquer à une société nombreuse le premier principe, sans employer l'intermédiaire, la bouleverserait infailliblement : mais ce bouleversement, qui attesterait l'ignorance ou l'ineptie du législateur, ne prouverait rien contre le principe. L'État ne serait pas ébranlé, parce qu'on aurait reconnu que chacun de ses membres doit concourir à la formation des lois, mais parce qu'on aurait ignoré, que dans l'excédant d'un nombre donné, il devait, pour y concourir, se faire représenter.

La morale est une science beaucoup plus approfondie que la politique, parce que le besoin de la morale étant plus de tous les jours, l'esprit des hommes a dû s'y consacrer davantage, et que sa direction n'était pas faussée par les intérêts personnels des dépositaires, ou des usurpateurs du pouvoir. Aussi les principes intermédiaires de la morale étant mieux connus, ses principes abstraits ne sont pas décriés : la chaîne est mieux établie, et aucun principe premier n'arrive avec l'hostilité et le caractère dévastateur que l'isolement donne aux idées comme aux hommes.

Cependant il est hors de doute que les principes abstraits de la morale, s'ils étaient séparés de leurs principes intermédiaires, produiraient autant de désordre dans les relations sociales des hommes, que les principes abstraits de la politique, séparés de leurs principes intermédiaires, doivent en produire dans leurs relations civiles.

Le principe moral, par exemple, que dire la vérité est un devoir, s'il était pris d'une manière absolue et isolée, rendrait toute société impossible. Nous en avons la preuve dans les conséquences très-directes qu'a tirées de ce principe un philosophe allemand, qui va jusqu'à prétendre, qu'envers des assassins qui vous demanderaient, si votre ami qu'ils poursuivent n'est pas réfugié dans votre maison, le mensonge serait un crime.

Ce n'est que par des principes intermédiaires que ce principe premier a pu être reçu sans inconvénients.

Mais, me dira-t-on, comment découvrir les principes intermédiaires qui manquent ? Comment parvenir même à soupçonner qu'ils existent? Quels signes y a-t-il de l'existence de l'inconnu?

Toutes les fois qu'un principe, démontré vrai, paraît inapplicable, c'est que nous ignorons le principe intermédiaire qui contient le moyen d'application.

Pour découvrir ce dernier principe, il faut définir le premier. En le définissant, en l'envisageant sous tous ses rapports, en parcourant toute sa circonférence, nous trouverons le lien qui l'unit à un autre principe. Dans ce lien est, d'ordinaire, le moyen d'application. S'il n'y est pas, il faut définir le nouveau principe auquel nous aurons été conduits. Il nous mènera vers un troisième principe, et il est hors de doute que nous arriverons au moyen d'application en suivant la chaîne.

Je prends pour exemple le principe moral que je viens de citer, que dire la vérité est un devoir.

Ce principe isolé est inapplicable. Il détruirait la société. Mais si vous le rejetez, la société n'en sera pas moins détruite. car toutes les bases de la morale seront renversées.

Il faut donc chercher le moyen d'application, et pour cet effet il faut, comme nous venons de le dire, définir le principe.

Dire la vérité est un devoir. Qu'est-ce qu'un devoir ? L'idée de devoir est inséparable de celle de droits : un devoir est ce qui, dans un être, correspond aux droits d'un autre. Là où il n'y a pas de droits, il n'y a pas de devoirs.

Dire la vérité n'est donc un devoir qu'envers ceux qui ont droit à la vérité. Or nul homme n'a droit à la vérité qui nuit à autrui.

Voilà, ce me semble, le principe devenu applicable. En le définissant, nous avons découvert le lieu qui l'unissait à un autre principe, et la réunion de ces deux principes nous a fourni la solution de la difficulté qui nous arrêtait.

Observez quelle différence il y a entre cette manière de procéder, et celle de rejeter le principe. Dans l'exemple que nous avons choisi, l'homme qui, frappé des inconvénients du principe qui porte que dire la vérité est un devoir, au lieu de le définir, et de chercher son moyen d'application, se serait contenté de déclamer contre les abstractions, de dire qu'elles n'étaient pas faites pour le monde réel, aurait tout jeté dans l'arbitraire. Il aurait donné au système entier de la morale un ébranlement dont ce système se serait ressenti dans toutes ses branches. Au contraire, en définissant le principe, en découvrant son rapport avec un autre, et dans ce rapport le moyen d'application, nous avons trouvé la modification précise du principe de la vérité, qui exclut tout arbitraire et toute incertitude.

C'est une idée peut-être neuve, mais qui me paraît infiniment importante, que tout principe renferme, soit en lui-même, soit dans son rapport avec un autre principe, son moyen d'application.

Un principe, reconnu vrai, ne doit donc jamais être abandonné, quels que soient ses dangers apparents. Il doit être décrit, défini, combiné avec tous les principes circonvoisins, jusqu'à ce qu'on ait trouvé le moyen de remédier à ses inconvénients, et de l'appliquer comme il doit l'être.

La doctrine opposée est absurde dans son essence, et désastreuse dans ses effets.

Elle est absurde, parce qu'elle prouve trop, et qu'en prouvant trop, elle se détruit elle-même. Dire que les principes abstraits ne sont que de vaines et inapplicables théories, c'est énonçer soi-même un principe abstrait. Car cette opinion n'est pas un fait particulier, mais un résultat général. C'est donc énoncer un principe abstrait contre les principes abstraits, et par cela seul, frapper de nullité son propre principe. C'est tomber dans l'extravagance de ces sophistes Grecs qui doutaient de tout, et finissaient par n'oser pas même affirmer leur doute.

Outre cette absurdité, cette doctrine est désastreuse, parce qu'elle précipite inévitablement dans l'arbitraire le plus complet. Car s'il n'y a pas de principes, il n'y a rien de fixe : il ne reste que des circonstances, et chacun est juge des circonstances. On marchera de circonstances en circonstances, sans que les réclamations puissent trouver même un point d'appui. Là où tout est vacillant, aucun point d'appui n'est possible. Le juste, l'injuste, le légitime, l'illégitime, n'existeront plus, car toutes ces choses ont pour bases les principes, et tombent avec eux. Il restera, les passions qui pousseront à l'arbitraire, la mauvaise foi qui abusera de l'arbitraire, l'esprit de résistance qui cherchera à s'emparer de l'arbitraire, comme d'une arme, pour devenir oppresseur à son tour ; en un mot, l'arbitraire, ce tyran aussi redoutable pour ceux qu'il sert que pour ceux qu'il frappe, l'arbitraire régnera seul.

Examinons maintenant de près les conséquences de l'arbitraire, et comme nous avons prouvé que les principes bien définis, et suivis exactement, remédiaient par leur mutuel soutien à toutes les difficultés, démontrons, s'il est possible, que l'arbitraire, qui ne peut être ni défini dans sa nature, ni suivi dans ses conséquences, n'écarte jamais dans le fait aucun des inconvénients qu'il brise en apparence, et n'abat une des têtes de l'hydre que pour en laisser repousser plusieurs.

# DE L'ARBITRAIRE.

Avant de combattre les partisans de l'arbitraire, il faut que je prouve que l'arbitraire a des partisans. Car telle est sa nature que ceux mêmes qu'il séduit par les facilités qu'il leur offre, sont effrayés de son nom, lorsqu'il est prononcé ; et cette inconséquence est plus souvent un mal entendu qu'un artifice.

L'arbitraire, qui a des effets très-positifs, est pourtant une chose négative : c'est l'absence des règles, des limites, des définitions, en un mot, l'absence de tout ce qui est précis.

Or, comme les règles, les limites, les définitions sont des choses incommodes et fatigantes, on peut fort bien vouloir secouer leur joug, et tomber ainsi dans l'arbitraire, sans s'en douter.

Si je ne définissais donc pas l'arbitraire, je prouverais vainement qu'il a les effets les plus funestes. Tout le monde en conviendrait : mais tout le monde protesterait contre l'application. Chacun dirait :

l'arbitraire est sans doute infiniment dangereux ; mais quel rapport y a-t-il entre ses dangers et nous, qui ne voulons pas l'arbitraire ?

Ceux-là sont partisans de l'arbitraire, qui rejettent les principes : car tout ce qui est déterminé, soit dans les faits, soit dans les idées, doit conduire à des principes, et l'arbitraire étant l'absence de tout ce qui est déterminé, tout ce qui n'est pas conforme aux principes est arbitraire.

Ceux là sont partisans de l'arbitraire, qui disent qu'il y a une distance qu'on ne peut franchir entre la théorie et la pratique : car tout ce qui peut être précisé étant susceptible de théorie, tout ce qui n'est pas susceptible de théorie est arbitraire.

Ceux-là enfin sont partisans de l'arbitraire, qui, prétendant avec Burke que des axiomes, métaphysiquement vrais, peuvent être politiquement faux, préfèrent à ces axiomes des considérations, des préjugés, des souvenirs, des faiblesses, toutes choses vagues, indéfinissables, ondoyantes, rentrant par conséquent dans le domaine de l'arbitraire.

Ils sont donc nombreux, les partisans de cet arbitraire, dont le nom seul est détesté ; mais c'est que, précisément par le vague de sa nature, on y entre sans s'en apercevoir, on y reste, en croyant en être bien éloigné, comme le voyageur que le brouillard entoure, croit voir ce brouillard encore devant lui.

L'arbitraire, en fait de science, serait la perte de toute science : car la science n'étant que le résultat de faits précis et fixes, il n'y aurait plus de science, là où il n'y aurait plus rien de fixe ni de précis. Mais comme les sciences n'ont aucun point de contact avec les intérêts personnels, on n'a jamais songé à y glisser l'arbitraire. Aucun calcul individuel, aucune vue particulière ne réclame contre les principes en géométrie.

L'arbitraire, en fait de morale, serait la perte de toute morale : car la morale étant un assemblage de règles, sur lesquelles les individus doivent pouvoir compter mutuellement dans leurs relations sociales, il n'y aurait plus de morale, là où il n'existerait plus de règles. Mais, comme la morale a un point de contact perpétuel avec les intérêts de chacun, tous se sont constamment opposés, sans le savoir, et par instinct, à l'introduction de l'arbitraire dans la morale.

Ce que l'absence des intérêts personnels produit dans les sciences, leur présence, au contraire, le produit dans la morale.

L'arbitraire, dans les institutions politiques, est de même que la perte de toute institution politique. Car les institutions politiques étant l'assemblage des règles sur lesquelles les individus doivent pouvoir compter dans leurs relations comme citoyens, il n'y a plus d'institutions politiques, là où ces règles n'existent pas.

Mais il n'en a pas été de la politique comme des sciences ou de la morale.

La politique ayant beaucoup de points de contact avec les intérêts personnels, mais ces points de contact n'étant ni égaux, ni perpétuels, ni immédiats, elle n'a eu, contre l'arbitraire, ni la sauve-garde de l'absence totale des intérêts, comme dans les sciences, ni la sauve-garde de leur présence égale et constante, comme dans la morale.

C'est donc spécialement dans la politique que l'arbitraire s'est réfugié; car je ne parle pas de la religion, qui, n'étant ni une science, ni une relation sociale, ni une institution, sort absolument de la sphère de nos considérations actuelles.

L'arbitraire est incompatible avec l'existence d'un gouvernement, considéré sous le rapport de son institution : il est dangereux pour l'existence d'un gouvernement, sous le rapport de son action : il ne donne aucune garantie à l'existence d'un gouvernement, sous le rapport de la sûreté des individus qui le composent.

Je vais prouver ces trois assertions successivement.

Les institutions politiques ne sont que des contrats. La nature des contrats est de poser des bornes fixes : or, l'arbitraire étant précisément l'opposé de ce qui constitue un contrat, sape par la base toute institution politique.

Je sais bien que ceux mêmes qui, repoussant les principes, comme incompatibles avec les institutions humaines, ouvrent un champ libre à l'arbitraire, voudraient le mitiger et le limiter ; mais cette espérance est absurde : car pour mitiger ou limiter l'arbitraire, il faudrait lui prescrire des bornes précises, et il cesserait d'être arbitraire.

Il doit de sa nature être partout, ou n'être nulle part : il doit être partout, non de fait, mais de droit ; et nous verrons tout à l'heure ce que vaut cette différence. Il est destructeur de tout ce qu'il atteint, car il anéantit la garantie de tout ce qu'il atteint. Or, sans la garantie, rien n'existe, car rien n'existe que de fait, et le fait n'est qu'un accident : il n'y a d'existant en institution que ce qui existe de droit.

Il s'ensuit que toute institution qui veut s'établir sans garantie, c'est-à-dire par l'arbitraire, est une institution suicide, et que, si une seule partie de l'ordre social est livrée à l'arbitraire, la garantie de tout le reste s'anéantit.

L'arbitraire est donc incompatible avec l'existence d'un gouvernement, considéré sous le rapport de son institution. Il est dangereux pour un gouvernement, considéré sous le rapport de son action : car, bien qu'en précipitant sa marche, il lui donne quelquefois l'air de la force, il ôte néanmoins toujours à son action la régularité et la durée.

En recourant à l'arbitraire, les gouvernements donnent les mêmes droits qu'ils prennent. Ils perdent par conséquent plus qu'ils ne gagnent ; ils perdent tout.

En disant à un peuple : vos lois sont insuffisantes pour vous gouverner, ils autorisent ce peuple à répondre : si nos lois sont insuffisantes, nous voulons d'autres lois ; et, à ces mots, toute l'autorité légitime d'un gouvernement tombe ; il ne lui reste plus que la force ; il n'est plus gouvernement. Car ce serait aussi croire trop à la duperie des hommes que de leur dire : vous avez consenti à vous imposer telle ou telle gêne, pour vous assurer telle protection. Nous vous ôtons cette protection, mais nous vous laissons cette gêne. Vous supporterez d'un côté toutes les entraves de l'état social, et de l'autre vous serez exposé à tous les hasards de l'état sauvage.

Tel est le langage implicite d'un gouvernement qui a recours à l'arbitraire.

Un peuple et un gouvernement sont toujours en réciprocité de devoirs. Si la relation du gouvernement au peuple est dans la loi, dans la loi aussi sera la relation du peuple au gouvernement; mais si la relation du gouvernement au peuple est dans l'arbitraire, la relation du peuple au gouvernement sera de même dans l'arbitraire.

Enfin l'arbitraire n'est d'aucun secours à un gouvernement, sous le rapport de la sûreté des individus qui le composent. Car l'arbitraire n'offre aux individus aucun asile.

Ce que vous faites par la loi contre vos ennemis, vos ennemis ne peuvent le faire contre vous par la loi, car la loi est là, précise et formelle : elle ne peut vous atteindre, vous, innocent. Mais ce que vous faites contre vos ennemis par l'arbitraire, vos ennemis pourront aussi le faire contre vous par l'arbitraire : car l'arbitraire est vague et sans bornes; innocent ou coupable il vous atteindra.

Lors de la conspiration de Babœuf, des hommes s'irritaient de l'observance et de la lenteur des formes. Si les conspirateurs avaient triomphé, s'écriaient-ils, auraient-ils observé contre nous toutes ces formes? Et c'est précisément parce qu'ils ne les auraient pas observées, que vous devez les observer. C'est là ce qui vous distingue; c'est là, uniquement là, ce qui vous donne le droit de les punir; c'est là ce qui fait d'eux des anarchistes, de vous des amis de l'ordre.

Lorsque les tyrans de la France, ayant voulu rétablir leur affreux empire le 1er prairial de l'an III, eurent été terrassés et vaincus, on créa, pour juger les criminels, des commissions militaires, et les réclamations de quelques hommes scrupuleux et prévoyants ne furent pas écoutées. Ces commissions militaires enfantèrent les conseils militaires du 13 vendémiaire an IV ; ces conseils militaires produisirent les commissions militaires de fructidor de la même année, et ces derniers ont produit les Tribunaux militaires du mois de ventôse an V.

Je ne discute point ici la légalité ni la compétence de ces différents tribunaux. Je veux seulement prouver que l'arbitraire s'autorise et se perpétue par l'exemple, et je voudrais qu'on sentît enfin qu'il n'y a, dans l'incalculable succession des circonstances, aucun individu assez privilégié, aucun parti revêtu d'une puissance assez durable pour se croire à l'abri de sa propre doctrine, et ne pas redouter que l'application de sa théorie ne retombe tôt ou tard sur lui-même.

Si l'on pouvait analyser froidement les temps épouvantables auxquels le 9 thermidor an II, a mis si tard un terme, l'on verrait que la terreur n'était que l'arbitraire poussé à l'extrême. Or, par la nature de l'arbitraire, l'on ne peut jamais être certain qu'il ne sera point poussé à l'extrême. Il est même indubitable qu'il s'y portera, toutes les fois qu'il sera attaqué. Car une chose sans bornes, défendue par des moyens sans bornes, n'est pas susceptible de limitation. L'arbitraire, combattant pour l'arbitraire, doit franchir toute barrière, écraser tout obstacle, produire, en un mot, ce qu'était la terreur.

L'époque désastreuse, connue sous ce nom, nous offre une preuve bien remarquable des assertions que l'on vient de lire.

Nous voyons combien l'arbitraire rend un gouvernement nul, sous le rapport de son institution : car il n'y avait, malgré les efforts et le charlatanisme sophistique de ses féroces auteurs, aucune apparence d'institution dans ce monstrueux gouvernement révolutionnaire, qui se prêtait à tous les excès et à tous les crimes, qui n'offrait aucune forme protectrice, aucune loi fixe, rien qui fût précis, déterminé, rien par conséquent qui pût garantir.

Nous voyons encore comment l'arbitraire se tourne contre un gouvernement, sous le rapport de son action. Le gouvernement révolutionnaire périt par l'arbitraire, parce qu'il avait régné par l'arbitraire. N'étant fondé sur aucune loi, il n'eut la sauvegarde d'aucune. La puissance irrégulière et illimitée d'une assemblée unique et tumultueuse, étant son seul principe d'action, lorsque ce principe réagit, rien ne put lui être opposé; et, comme le gouvernement révolutionnaire n'avait été qu'une suite de fureurs illégales et atroces, sa destruction fut l'ouvrage d'une juste et sainte fureur.

Nous voyons enfin comment l'arbitraire, dans un gouvernement, donne à la sûreté individuelle de ceux qui gouvernent une garantie insuffisante. Les monstres, qui avaient massacré sans jugement ou par des jugements arbitraires, tombèrent sans jugement ou par un jugement arbitraire : ils avaient mis hors la loi, et ils furent mis hors la loi.

L'arbitraire n'est pas seulement funeste lorsqu'on s'en sert pour le crime. Employé contre le crime, il est encore dangereux. Cet instrument de désordre est un mauvais moyen de réparation.

La raison en est simple. Dans le temps même que quelque chose s'opère par l'arbitraire, on sent que l'arbitraire peut détruire son ouvrage, et que tout avantage qu'on doit à cette cause est un avantage illusoire, car il attaque ce qui est la base de tout avantage, la durée. L'idée d'illégalité, d'instabilité, accompagne nécessairement tout ce qui se fait ainsi. L'on a la conscience d'une sorte de protestation tacite, contre le bien, comme contre le mal, parce que l'un et l'autre paraissent frappés de nullité dans leur base.

Ce qui attache les hommes au bien qu'ils font,

c'est l'espérance de le voir durer. Or, jamais ceux qui font le bien par l'arbitraire ne peuvent concevoir cette espérance. Car l'arbitraire d'aujourd'hui prépare la voie pour celui de demain, et ce dernier peut être en sens opposé de l'autre.

Il en résulte un nouvel inconvénient, c'est qu'on cherche à remédier à l'incertitude par la violence. On s'efforce d'aller si loin qu'il ne soit plus possible de rétrograder. On veut se convaincre soi-même de l'effet que l'on produit; on outre son action, pour la rendre stable. On ne croit jamais en avoir assez fait pour ôter à son ouvrage la tache ineffaçable de son origine. On cherche dans l'exagération présente une garantie de durée à venir; et, faute de pouvoir placer les fondements de son édifice à une juste profondeur, on bouleverse le terrain, et l'on creuse des abîmes.

Ainsi naissent et se succèdent : dans les révolutions, les crimes; dans les réactions, les excès, et ils ne s'arrêtent que lorsque l'arbitraire finit.

Mais cette époque est difficile à atteindre. Rien n'est plus commun que de changer d'arbitraire : rien n'est plus rare que de passer de l'arbitraire à la loi.

Les hommes de bien s'en flattent, et cette erreur n'est pas sans danger. Ils pensent qu'il est toujours temps de rendre légaux les effets de l'arbitraire. Ils se proposent de ne faire usage de cette ressource que pour aplanir tous les obstacles, et, après avoir détruit par son secours, c'est à l'aide de la loi qu'ils veulent réédifier.

Mais pendant qu'ils emploient ainsi l'arbitraire, ils en prennent l'habitude, ils la donnent à leurs agents ; ceux qui en profitent la contractent, et comme rien n'est plus commode, plus aplanissant, cette habitude se perpétue, bien au delà de l'époque où l'on s'était prescrit de la déposer, et la loi se trouve indéfiniment ajournée.

J'ai déjà exposé ce système dans un ouvrage, où l'on a démêlé, dit-on, beaucoup de machiavélisme (1). J'aurais cru, néanmoins, que rien n'était plus contraire au machiavélisme que le besoin de principes positifs, de lois claires et précises, en un mot, d'institutions tellement fixes, qu'elles ne laissent, à la tyrannie, aucune entrée, à l'envahissement, aucun prétexte.

Le caractère du machiavélisme, c'est de préférer, à tout, l'arbitraire. L'arbitraire sert mieux tous les abus de pouvoir qu'aucune institution fixe, quelque défectueuse qu'elle puisse être. Aussi les amis de la

(1) *De la Force du Gouvernement actuel de la France, et de la nécessité de s'y rallier.* (*Imprimé en Suisse, en* 1796, *in-8°*, et reproduit en totalité dans les nos 222, 223, 224, 225, 226, 227, 228, 229 et 230 du *Moniteur Universel.*)

liberté doivent préférer les lois défectueuses aux lois qui prêtent à l'arbitraire, parce qu'il est possible de conserver de la liberté sous des lois défectueuses, et que l'arbitraire rend toute liberté impossible.

L'arbitraire est donc le grand ennemi de toute liberté, le vice corrupteur de toute institution, le germe de mort qu'on ne peut ni modifier ni mitiger, mais qu'il faut détruire.

Si l'on ne pouvait imaginer une institution sans arbitraire, ou qu'après l'avoir imaginée, on ne pût la faire marcher sans arbitraire, il faudrait renoncer à toute institution, repousser toute pensée, s'abandonner au hasard, et selon ses forces, aspirer à la tyrannie, ou s'y résigner.

Mais, en se pénétrant bien d'une salutaire horreur pour l'arbitraire, il faut se garder aussi de prendre pour de l'arbitraire ce qui n'en est pas. Je vois des hommes bien intentionnés commettre cette méprise, et en conclure la nécessité de l'arbitraire. Ils confondent avec l'arbitraire toute latitude accordée à l'action du gouvernement, lors même que cette latitude est déterminée, et ils tombent alternativement dans deux excès opposés.

Tantôt ils ôtent toute latitude : la machine s'arrête, faute d'espace entre les rouages : alors ils se rejettent dans l'autre extrême ; ils accordent une latitude indéfinie, et la machine se disjoint, faute de liens qui retiennent les parties ensemble.

Tant de Constitutions ont été données à la France, et l'on ne me paraît pas encore s'être fait une idée bien nette de ce qu'est une constitution, et du genre de respect que l'on doit à une constitution.

Il en résulte qu'on ignore les ressources immenses qu'offrent les institutions libres en faveur de la liberté, et que méconnaissant les moyens nombreux que la loi fournit, on cherche à les remplacer par le plus illusoire et le plus dangereux de tous les moyens, l'arbitraire.

Une constitution est la garantie de la liberté d'un peuple, par conséquent tout ce qui tient à la liberté est constitutionnel, et par conséquent aussi rien n'est constitutionnel de ce qui n'y tient pas.

Étendre une constitution à tout, c'est faire de tout des dangers pour elle, c'est créer des écueils pour l'en entourer.

Il y a de grandes bases auxquelles toutes les autorités nationales ne peuvent toucher. Mais la réunion de ces autorités peut faire tout ce qui n'est pas contraire à ces bases.

Parmi nous, par exemple, ces bases sont une représentation nationale en deux sections : point d'unité, point d'hérédité, l'indépendance des tribunaux, l'inviolable maintien des propriétés que la constitution a garanties, l'assurance de n'être pas détenu arbitrairement, de n'être point distrait de ses juges naturels, de n'être point frappé par des lois rétroactives, et quelques autres principes en très-petit nombre.

Cela seul est constitutionnel : les moyens d'exécution sont législatifs.

Dans toutes les mesures de détail, dans toutes les lois d'administration, une chose seulement est constitutionnelle, c'est que ces mesures soient prises, et ces lois faites, d'après les formes que la constitution prescrit.

Quand on dit, la constitution, l'on a raison; toute la constitution, l'on a raison encore : mais lorsqu'on ajoute, rien que la constitution, l'on ajoute une ineptie. La constitution, toute la constitution, et tout ce qui est nécessaire pour faire marcher la constitution, cela seul est sensé.

Avec ces principes, le gouvernement, j'entends par ce mot les dépositaires réunis des autorités exécutive et législative, le gouvernement n'a aucun besoin d'arbitraire. Sans ces principes, il sera forcé d'y recourir sans cesse.

Si vous lui imposez d'autres devoirs que de rester fidèle aux bases constitutionnelles et de faire, en conformité avec ces bases, et d'après les formes prescrites, des lois égales pour tous, et des lois fixes, vous lui imposez des devoirs qu'il ne peut remplir.

Gardez-vous d'instituer une constitution tellement étroite, qu'elle entrave tous les mouvements que nécessitent les circonstances. Il faut qu'elle les circonscrive, et non qu'elle les gêne; qu'elle leur trace des bornes, et non qu'elle les comprime.

Par-là vous écarterez l'arbitraire que les ambitieux ne demandent pas mieux que d'invoquer au premier prétexte, comme un remède indispensable. Vous préviendrez les révolutions, qui ne sont que l'arbitraire employé à détruire; vous mettrez un terme aux réactions, qui ne sont que l'arbitraire employé à rétablir.

Ce qui, sans l'arbitraire, serait une réforme, par lui devient une révolution, c'est-à-dire, un bouleversement. Ce qui, sans l'arbitraire, serait une réparation, par lui devient une réaction, c'est-à-dire, une vengeance et une fureur.

# RÉCAPITULATION.

J'avais dans cet ouvrage un triple but à atteindre. Je voulais mettre en garde contre les réactions : je voulais prémunir contre l'arbitraire : je voulais enfin rattacher aux principes. Si je suis parvenu seulement à produire l'un de ces effets, tel est le salutaire enchaînement de toutes les vérités, que mon triple but est rempli.

Si les réactions sont une chose terrible et funeste, évitez l'arbitraire, car il traîne nécessairement les réactions à sa suite ; si l'arbitraire est un fléau destructeur, évitez les réactions, car elles assurent l'empire de l'arbitraire ; enfin si vous voulez vous garantir à la fois et des réactions, et de l'arbitraire, ralliez-vous aux principes, qui seuls peuvent vous en préserver.

Le système des principes offre seul un repos durable. Seul il présente aux agitations politiques un inexpugnable rempart.

Partout où éclate la démonstration, les passions n'ont plus de prise. Elles abandonnent la certitude, pour reporter leur violence sur quelqu'objet encore contesté.

L'esclavage, la féodalité ne sont plus parmi nous des germes de guerre. La superstition, sous son rapport religieux, est presque partout réduite à la défensive.

Si l'hérédité nous divise, c'est que les principes qui l'excluent ne sont pas revêtus encore de l'évidence qui leur est propre. Dans un siècle, on parlera de l'hérédité, comme nous parlons de l'esclavage. Une question de plus aura été enlevée aux passions tumultueuses. En raison de ce que les principes s'établissent, les fureurs s'apaisent ; lorsqu'ils ont triomphé, la paix règne.

Ainsi nous voyons les passions battre en retraite, furieuses, sanguinaires, féroces, victorieuses souvent contre les individus, mais toujours vaincues par les vérités. Elles reculent, en frémissant, devant chaque nouvelle barrière qui leur pose ce système progressif et régulier, dont le complètement graduel est la volonté suprême de la nature, l'effet inévitable de la force des choses, et l'espoir consolant de tous les amis de la liberté.

Ce système accéléré dans ses développements par les révolutions, diffère des révolutions même, comme la paix diffère de la guerre, comme le triomphe diffère du combat.

Des calculs politiques, rapprochés des sciences exactes par leur précision, des bases inébranlables pour les institutions générales, une garantie positive pour les droits individuels, la sûreté pour ce qu'on possède, une route certaine vers ce qu'on veut acquérir, une indépendance complète des hommes, une obéissance implicite aux lois, l'émulation de tous les talents, de toutes les qualités personnelles, l'abolition de ces pouvoirs abusifs, de ces distinctions chimériques, qui n'ayant leur source ni dans la volonté ni dans l'intérêt communs, réfléchissent sur leurs possesseurs l'odieux de l'usurpation, l'harmonie dans l'ensemble, la fixité dans les détails, une théorie lumineuse, une pratique préservatrice, tels sont les caractères du système des principes.

Il est la réunion du bonheur public et particulier. Il ouvre la carrière du génie, comme il défend la propriété du pauvre. Il appartient aux siècles, et les convulsions du moment ne peuvent rien contre lui. En lui résistant, on peut sans doute causer encore des secousses désastreuses ; mais depuis que l'esprit de l'homme marche en avant, et que l'imprimerie enregistre ses progrès, il n'est plus d'invasion de barbares, plus de coalition d'oppresseurs, plus d'évocation de préjugés, qui puisse le faire rétrograder. Il faut que les lumières s'étendent, que l'espèce humaine s'égalise et s'élève, et que chacune de ces générations successives que la mort engloutit, laisse du moins après elle une trace brillante qui marque la route de la vérité.

II.

---

DES

# COUPS D'ÉTAT.

« L'histoire des Coups d'État serait l'histoire des révolutions
» qui ont agité les différents pays et changé la forme de leurs
» gouvernements. »

M. Duvergier.

DES

# COUPS D'ÉTAT.

### Des diverses Formes de Gouvernement.

« Il y a trois formes principales de souverainetés, ou trois façons différentes de gouverner les Etats : la première se nomme *monarchie,* c'est-à-dire le commandement d'un seul; la seconde *aristocratie,* qui dépend du pouvoir de peu de personnes, et la troisième *démocratie,* où le peuple a toute l'autorité. Quand la première se corrompt, elle dégénère en *tyrannie;* le vice de la seconde est l'*olygarchie,* et celui de la troisième s'appelle *ochlocratie,* où la seule populace peut tout au préjudice du bon et considérable citoyen.

» On voit parmi les animaux des marques de

ces trois sortes de gouvernements, puisque les abeilles reconnaissent une reine, que les grues, dit-on, vivent aristocratiquement, et que les fourmis se gouvernent comme dans un Etat populaire.

» Quoi qu'il en soit, tous les philosophes ont reconnu le commandement royal ou monarchique, pour le plus ancien de tous, comme il est apparemment le plus digne, eu égard à ce que Dieu s'en sert dans la conduite du monde qui paraît toute royale. Et Aristote, non content de lui donner ces avantages, prouve encore son excellence par la considération de ce qu'il n'y a point de corruption pire ni plus grande que celle des choses les plus parfaites. Car puisque la tyrannie, par la confession de tous les politiques, est le plus condamnable de tous les dérèglements d'Etat, il s'ensuit, dit-il, que la royauté d'où elle tire son origine, doit être le plus parfait commandement dont on puisse user.

» Mais il y a plus de deux mille ans que cette question a été décidée par ces seigneurs de Perse, qui, au nombre de sept, consultèrent après la mort du supposé Smerdis, quelle forme de gouvernement ils établiraient pour la meilleure? Otanes prononça tout ce qu'il put contre la monarchie en faveur de la démocratie; Megabysus tint le parti de l'aristocratie, et Darius, suivi des quatre autres, l'emporta sur les premiers, faisant préférer la monarchie, comme la plus excellente des souverainetés, selon que Hérodote le rapporte dans sa troisième muse.

» On peut aussi voir dans l'histoire de Dion Cassius, comme longtemps depuis, les raisons de Mécénas à l'avantage de la monarchie prévalurent sur celles d'Agrippa qui portait Auguste à remettre l'empire dans un gouvernement populaire.

» Polybe est d'un sentiment particulier là-dessus, quand il soutient que la plus excellente de toutes les souverainetés [celle que nous nommons *la mixte*] est composée des trois formes, comme l'étaient la spartiate et la romaine. C'est pourquoi, dit-il, la première a conservé plus longtemps sa liberté que toutes les autres de la Grèce. Et il ajoute que le tempérament et le mélange de l'Etat romain était si excellent, que les Romains eux-mêmes n'eussent pu dire de laquelle des trois formes leur gouvernement tenait le plus, de la monarchie, de l'aristocratie ou de la démocratie [1]. »

[1] La Mothe-Le-Vayer, *la Politique du Prince,* Ch. II.

## I.

### Ce que c'est qu'un Coup d'État.

Les diverses espèces de gouvernements étant définies, nous disons qu'un Coup d'État est le brisement par la violence, d'une résistance ou d'un obstacle présumé dangereux, quoique légal.

« Il y a, dit Montesquieu, dans les États où l'on fait le plus de cas de la liberté, des lois qui la violent contre un seul pour la garder à tous. Tels sont en Angleterre les bills appelés *d'attainder.* Ils se rapportent à ces lois d'Athènes qui statuaient (*l'ostracisme*) contre un particulier, pourvu qu'elles fussent faites par le suffrage de six mille citoyens. Ils se rapportent à ces lois qu'on faisait à Rome contre les citoyens particuliers, et qu'on appelait priviléges (*de privatis hominibus latæ*). Elles ne se faisaient que dans les grands États du peuple. Mais de quelque manière que le peuple les donne, Cicéron veut qu'on les abolisse, parce que la force de la loi ne consiste qu'en ce qu'elle statue sur tout le monde [1]. »

[1] *Esprit des Lois,* Liv. XII, ch. XIX.

On ne peut faire des Coups d'État dans un gouvernement dégénéré en tyrannie : là nul brisement ne peut être illégal, quelque violent qu'il soit, puisque nulle répression n'y est légale ; nulle résistance ne peut y être considérée comme dangereuse, puisque l'on n'y connaît point de résistance. Seulement lorsqu'un esclave s'y trouve plus fort que le tyran, il se met à sa place, voilà tout.

## II.

### Quels Gouvernements sont exposés aux Coups d'État.

Sous un gouvernement presque absolu, tel que fut celui de France, par exemple, depuis la mémorable déclaration du Tiers-État, pendant la réunion des États-Généraux de 1614-1615 [3], et particulièrement depuis le célèbre ministère du cardinal de Richelieu, jusqu'en 1789, les Coups d'État peuvent être scabreux, sans doute, mais enfin ils sont possibles. Ils dérivent à la rigueur, de la nature de l'insti-

[3] *Voir* la lettre *A* de l'*Appendice*.

tution, où presque tout est livré au bon plaisir du pouvoir souverain, sous l'omnipotence ministérielle. Ce qui peut y être réprimé légalement peut y être illégalement brisé sans sortir des habitudes acquises de la monarchie ; ce n'est là qu'une extension un peu plus forte de la puissance suprême. Quelque chose y résiste, donc quelque résistance peut y être réputée dangereuse, parce que des lois précises n'en ont pas déterminé suffisamment les limites légales. De là les horribles massacres de la Saint-Barthélemy, les violences exercées contre les Parlements, la révocation de l'Édit de Nantes [4],

[4] Hugo Grotius avait écrit que l'édit de Nantes étant une *concession*, et non un pacte réciproque, un des successeurs de Henri pourrait l'abolir.

(M. D'Eyraud, *de l'Administration de la justice et de l'ordre judiciaire en France*; 2e éd., T. I, p. 350.)

Ce fut le président de Thou, et Calignon, chancelier de Navarre, qui dressèrent les Mémoires, sur lesquels fût fait cet édit, au mois d'avril 1598. Le roi attendit que le légat fut hors du royaume, pour l'envoyer vérifier au Parlement ; ce qui se fit le 15 février 1599. Le clergé y avait formé opposition. Le Parlement même était divisé, et il y en avait plus qui allaient à le rejeter, qu'à le recevoir. On remarqua que ceux qui avaient été les plus ardents pour la Ligue, furent ceux qui opinèrent le plus fortement pour la vérification ; c'est qu'ils avaient reconnu, sans doute, qu'en matière de religion, les violences détruisent plus qu'elles n'édifient. On eut de la peine à s'accorder ; mais et ces attentats, sans nombre et sans mesure, à la liberté individuelle, décorés du nom de *Lettres*

le roi, joignant la force de l'autorité à celle de la persuasion, leur fit vérifier l'édit.

Louis XIII voulant signaler, par un trait de religion et de justice, le premier acte de sa majorité, confirma cet édit et tous les autres de son père, contre les duellistes et les blasphémateurs. Mais Louis XIV, pour ne laisser subsister qu'une seule religion dans le royaume, révoqua cet édit, par un autre du 22 octobre 1685, qui enjoignait aux Protestants de se convertir ou de sortir incessamment du royaume.

Cet édit de révocation, dont les suites devinrent si funestes à la France, n'aurait jamais vu le jour, si le grand prince qui le donna eût été mieux informé de l'état des choses. On exposait à Louis XIV que les Protestants de son royaume étaient peu nombreux; que la meilleure partie demandait déjà à se convertir; que le reste ne tarderait pas à suivre l'exemple des premiers, en un mot, que le temps était venu de réunir, enfin, tous ses sujets dans une seule et même communion.

Mais qu'arriva-t-il? Ces mêmes Protestants se trouvèrent, au contraire, en si grand nombre que l'on commença, dès lors, à conjecturer que l'édit nuirait plus à l'Etat qu'il ne servirait la religion, et l'événement ne tarda pas à le prouver. De l'aveu des meilleurs historiens, plus de quinze cent mille Protestants aimèrent mieux passer dans les pays étrangers, et porter chez nos voisins, leurs richesses et leur industrie, que de vivre sans religion dans leur propre patrie. Une partie des autres fit semblant de se convertir, pour se mettre à l'abri des persécutions, et le reste échappa aux recherches des missionnaires et des dragonnades.

*de cachet*[5] ! Aussi, la France, dans cette longue période de sujétion, de despotisme, que ne peut

Le prince eut le triple regret, de n'avoir pu satisfaire sa piété, d'avoir affaibli considérablement le royaume, et d'avoir augmenté puissamment les forces et les richesses de ses voisins. Selon la jurisprudence il n'y eut plus de Protestants en France, et selon la vérité, il y en resta plus de trois millions qui ne recouvrèrent leur liberté religieuse et leur état civil qu'un siècle après la promulgation désastreuse de l'édit révocatif de celui de Nantes!

[5] Après la *liberté de conscience* et la *libre expression de la pensée*, la liberté du corps, la *liberté individuelle,* tient le premier rang parmi les droits que l'homme a le plus d'intérêt de voir respecter. Eh bien, l'on peut dire que la liberté individuelle est celle dont on se jouait le plus avant 1789.

Qui ne connaît le déplorable abus qui se faisait alors des *lettres de cachet?* dans notre patrie, dans ce royaume des Francs, la liberté des citoyens pouvait, à chaque instant, être compromise par une de ces *lettres*, c'est-à-dire, par un ordre d'emprisonnement, non motivé, non suivi d'interrogatoires, sans traduction devant le magistrat, et cela pour un temps indéfini, quelquefois dans d'horribles cachots.

Chose non moins étrange, la délivrance de ces *lettres de cachet* était regardée comme une *prérogative essentielle* de la couronne, un *droit régalien,* au point qu'on disait indifféremment, une *lettre de cachet,* ou un *ordre du roi.* La Vrillière, ce type des courtisans faciles et complaisants, en avait expédié pendant son ministère seul, plus de cinquante mille!

Lui et ses pareils avaient toujours des *lettres de cachet* en blanc qu'ils remplissaient à leur gré. Il faut dire aussi que atténuer l'éclat du siècle de Louis XIV, a-t-elle essuyé bien des Coups d'Etat, et, quoique ces crises l'eussent en définitive beaucoup affaiblie, elle

Louis Phélypeaux, comte de Saint-Florentin, duc de la Vrillière, était entré au ministère en 1725, et qu'il n'en sortit qu'en 1775, pour faire place à M. de Malesherbes.

(*Éloge de Lamoignon-Malesherbes*, par M. Dupin, Procureur-général de la Cour de Cassation ; *prononcé à la rentrée de la Cour, le* 8 *novembre* 1841.)

Les *lettres de cachet* émanaient du souverain, elles étaient signées de lui et contre-signées par un secrétaire d'Etat. Elles étaient écrites sur un simple papier, et pliées de manière qu'on ne pouvait les lire sans rompre le cachet, dont elles étaient closes. Leur objet était de faire connaître la volonté du roi et d'en commander l'exécution. Elles finissaient par ces mots : *si n'y faites faute. Sur ce je prie Dieu qu'il vous ait en sa sainte et divine garde.*

Souvent en vertu d'une de ces *lettres*, il fallait s'exiler, ou se constituer prisonnier. Souvent aussi on était enlevé de force. Le roi en adressait quelquefois à des corps politiques ou judiciaires, pour leur enjoindre ou leur défendre de s'assembler, de délibérer sur certaines matières. Dans ce cas c'était presque toujours un abus de pouvoir. Il n'y avait aucun recours contre les *lettres de cachet ;* l'autorité dont elles émanaient pouvait seule les annuler ou les révoquer. De quelque délit que fussent coupables les personnes auxquelles ces *lettres* étaient adressées, elles n'emportaient point infamie. On ne peut reprocher à Louis XVI d'en avoir fait un fréquent usage : M. de Malesherbes, pendant son ministère, lui en avait fait sentir l'injustice.

avait pu les supporter, parce que son organisation politique n'y répugnait pas absolument.

On avait défini les Français, en ces temps-là, *un peuple corvéable et taillable sans merci, sous le bon plaisir du souverain* [6]. Ce n'est pas sous saint Louis et Henri IV que l'on proclamait de pareilles maximes.

## III.

### Les Coups d'État sont contraires aux Gouvernements mixtes.

Dans les gouvernements mixtes, c'est-à-dire composés des trois modes d'action ou de puissance, les Coups d'Etat sont aussi impossibles, légalement parlant, què dans les empires de pur despotisme. Des causes opposées ont ici un pareil effet.

Nulle résistance ne peut être présumée dangereuse dans un gouvernement mixte, parce que les lois doivent suffire à la puissance publique pour réprimer tout écart ; nulle résistance ne peut y être illégalement brisée, parce que ce serait

6 *Remontrances du Parlement de Paris*, en 1775.

briser le corps social lui-même, dissoudre ses éléments, anéantir les lois fondamentales de l'Etat.

Ce qui fait donc l'excellence du gouvernement mixte, c'est qu'il ne peut jamais, tant que l'exécution des lois y est ferme, précise, égale pour tous, s'y trouver des circonstances aussi fortes ou plus fortes que les lois, qui sont les règles des devoirs et des droits réciproques des gouvernants et des gouvernés [7]. Un orage vient-il courber sa tête, il peut se redresser plus imposant et plus vigoureux, s'il demeure fidèle aux lois de l'Etat; et, continuant de marcher majestueusement dans ses limites constitutionnelles, il accroît sa puissance et le respect des peuples, en raison de la violence des épreuves qu'il a pu subir. Si, au contraire, il perd son à-plomb dans cet ébranlement passager, s'il sort des routes qui lui sont propres pour se lancer dans les voies périlleuses des moyens exceptionnels, les liens de la confiance publique se relâchent, et il lui faut ensuite des peines infinies, s'il ne succombe pas tout-à-fait, pour les resserrer, lorsqu'il cherche à rentrer dans sa position normale.

7 A cette notion se joint celle de responsabilité, qui en est une conséquence, et qui suppose des droits à exercer, des devoirs à remplir, car droits et devoirs sont corrélatifs à tel point qu'on ne peut justement prétendre exercer les uns si l'on n'accomplit les autres.

Quand tout est remis en question, on joue nécessairement à tout recommencer, à tout refaire, comme les enfants dans leurs parties insolites lorsqu'il advient que les chances ou le train du jeu leur déplaisent, et comme nous l'avons vu pratiquer tant de fois par nos assemblées délibérantes, qui n'étaient rien moins que composées d'enfants, depuis les premières réformes radicales, opérées en France par la *Constituante*, jusqu'à une autre époque que tous les Français, amis des principes et des lois, ne peuvent se rappeler sans regret. Il ne faut pas plus procéder à Coups de révolutions contre l'autorité légale, que le pouvoir ne doit agir par Coups d'État à l'encontre des citoyens et du pays.

## IV.

### Ce qui pousse aux Coups d'État.

Ce qui pousse ordinairement aux mesures violentes et illégales, ce n'est pas comme on le dit toujours et comme on le croit souvent, la colère, la vengeance, le penchant à la tyrannie ou telle autre mauvaise passion. La plupart du temps le gouvernement, qui sort des voies régulières, obéit à un sentiment de crainte, de conservation ; il meurt dans la légalité, il cherche à vivre par la violence.

Sans doute la révélation de cette cause impulsive ne suffit pas à la justification des actes arbitraires ; aussi ne l'avons-nous pas indiquée dans cette intention : c'est seulement pour montrer la vérité sur des faits sociaux qui, d'ordinaire, excitent vivement les passions et qui, par conséquent, sont presque toujours mal compris et mal jugés.

Il est rare, sinon impossible, qu'un Coup d'État fonde un ordre de choses solide et durable. Employé comme ressource suprême, il peut prolonger une existence affaiblie ; mais il ne rétablit point les forces vitales. Il en doit être ainsi par plusieurs motifs. Le premier, qui véritablement comprend tous les autres, c'est que la violence n'a jamais de résultats qui subsistent longtemps. Ensuite, les conjonctures ne sont plus favorables aux entreprises de ce genre. Nous ne sommes pas, comme jadis, élevés dans l'amour et dans un respect aveugle envers le pouvoir ; la défiance, et la haine de toute autorité, est aujourd'hui un sentiment malheureusement trop répandu. On nous l'inspire par les productions des arts, on nous l'enseigne comme la plus avancée des théories sociales ; nos institutions même en sont imprégnées. Dans de semblables dispositions, une main de fer pourrait seule frapper un Coup d'État avec quelques chances de succès, et cependant c'est presque toujours la faiblesse qui veut soulever cette arme si lourde, et si dangereuse pour celui qui s'en sert [8] !

## V.

### Le Grand-Mogol.

Lorsque le Grand-Mogol, auquel un officier français avait appris le piquet, disait à son favori : « Joue cœur, ou je te coupe le col ! » le favori savait à quel prix il pouvait s'abstenir de jouer cœur ; il pouvait sacrifier sa tête si elle lui était moins chère que l'économie de son jeu. Mais dans une partie où chacun sait qu'il lui est loisible de jouer à volonté : cœur, pique, trèfle ou carreau, sans courir d'autres chances que celles qui dérivent des règles mêmes du jeu ; c'est-à-dire, dans un

[8] M. Duvergier, *Encyclopédie des Gens du monde,* au mot *Coups d'État.*

ordre de choses où toutes les conséquences pénales des actions sont connues et légalement déterminées, si l'on tranchait la tête à celui qui aurait joué trèfle quand on voulait qu'il jouât cœur, il est évident que l'on serait plus barbare que le Grand-Mogol qui du moins avait l'attention de prévenir.... La constitution et les lois du pays ne seraient plus qu'un piége exécrable dans lequel les petits comme les grands, les faibles comme les forts, les timides comme les audacieux, les vainqueurs comme les vaincus seraient tour à tour entraînés : il n'y aurait de sûreté, de salut pour personne.

## VI.

### Du Pouvoir extralégal.

Quelques publicistes, et à une époque qui n'est pas bien éloignée, ont prétendu que dans toute organisation politique il faut admettre parfois un pouvoir extralégal qui n'ait ni règles ni limites : c'est la dictature.

« Rien n'est dangereux » (disait un des défenseurs des derniers ministres de Charles X) « comme de » mettre à nu la faiblesse des sociétés humaines; » il le faut pourtant; il faut vous apprendre qu'il » n'est pas de Charte sans article XIV, et que, » quand il n'y est pas, la nécessité peut forcer un » jour à l'y mettre. C'est la nécessité qui est l'in- » terprétation vivante des Chartes. Il faut vous » rappeler que jamais la société ne peut se com- » mander à elle-même le suicide, et qu'il se ren- » contre des crises où il faut peut-être les boule- » verser sous peine de les voir détruire. L'équilibre » des pouvoirs peut exister légalement devant les » lois; il faut toujours un pouvoir prédominant qui, » dans le choix des mouvements contraires, imprime » la direction, et qui vienne à son secours dans » les crises. Cette vérité de l'histoire s'appellera : » *Ostracisme, Dictature, Lits de Justice,* et chez » nous : *Régime des Ordonnances.* »

Dans cette théorie on confond le fait et le droit, et l'on prend évidemment l'un pour l'autre. Si elle était vraie, il faudrait, pour la compléter, déterminer les cas où pourrait s'exercer ce pouvoir prédominant, ce pouvoir sans limite et sans responsabilité; il faudrait tracer le cercle dans lequel on peut frapper les Coups d'État, comme dans un incendie on fait la part du feu. Mais ce serait la plus folle des entreprises : ce serait vouloir concilier les contraires, unir des éléments incompatibles, en un mot ériger en loi l'illégalité [9].

## VII.

**Avant la grande révolution, les Parlements étaient continuellement en butte aux Coups d'État.**

En France, avant la grande révolution, les Parlements, depuis que les États-Généraux n'étaient plus régulièrement assemblés, possédaient seuls, comme émanation permanente de ceux-ci, quelque portion de la puissance publique, indépendante de la volonté royale.

On avait attaqué la légalité des États-Généraux pour se dispenser de les convoquer : on ne voulait pas conserver à la nation ce fantôme de son ancienne liberté : c'était un contre-poids trop fort encore ; le despotisme ne pouvait outre-passer ces colonnes inébranlables ; pour y mettre fin, on déclara que leur pouvoir était illégitime. Malheureuse

[9] M. Duvergier, ouvrage cité.

la nation qui reçoit toujours des lois et qui trouve partout des chaînes !

Le Parlement de Paris, qui était le plus ancien de tous, connaissait privativement du droit de régale et des affaires qui regardaient le domaine de la couronne; il savait venger les injures et les infractions faites à l'autorité souveraine, en même temps qu'il pouvait, au nom du peuple, faire des remontrances au roi et demander la répression des abus qui se glissaient dans l'administration publique et dans l'emploi des finances de l'Etat. Il jouissait du droit d'enregistrement, et de vérification des édits bursaux. Aucun acte de l'autorité exécutive n'était légal sans son concours. C'était, en un mot, les États-Généraux *au petit pied* [10]. C'était donc contre les Parlements que les Coups d'Etat pouvaient toujours être dirigés, et c'est contre eux, en effet, qu'ils le furent principalement vers la fin de la vieille monarchie, par les exils successifs prononcés par Louis XV, mal conseillé, par l'infortuné Louis XVI même, qui paya de sa tête sacrée les orgies et les dilapidations de la Régence, aggravées des erreurs et des déportements du règne de son prédécesseur [11].

[10] *Voir* la lettre *B* de l'*Appendice*.

[11] Une grande aberration politique que l'on a souvent con-

La masse de la nation n'éprouvait qu'une secousse indirecte, quoique sensible, de l'oppression de quelques magistrats, le titre même de magistrat n'était pour ceux-ci qu'un accident, une modification, dont ils étaient toujours les maîtres de s'affranchir, et avec l'anéantissement des devoirs d'une condition particulière, cessaient pour eux les périls qui pouvaient s'y trouver attachés. Au lieu que dans un gouvernement mixte, sagement pondéré, c'est la nation entière qui est en jeu, c'est elle, sans exception, qui vivrait exposée aux Coups d'Etat! Il n'est pas besoin de s'attacher à démontrer qu'un pareil ordre de choses serait intolérable et ne pourrait subsister longtemps.

fondue avec un *coup d'agiotage*, a été le système de Law. C'était vraiment un Coup d'État. « Outre les changements qu'il fit si » brusques, si inusités, si inouïs, il voulait ôter les rangs in- » termédiaires, et anéantir les corps politiques ; il dissolvait » la monarchie...... » Ainsi s'exprime Montesquieu dans *l'Esprit des Lois*, et si le Régent avait trop de pénétration pour ne pas sentir toute la portée d'un semblable projet, il était assez mauvais Français pour ne pas reculer devant ses conséquences. (Ch. Du Rozoir, *Dictionnaire de la Conversation*, au mot *Coup d'État*.)

## VIII.

**Il n'est point de cas extraordinaire qui puisse justifier un Coup d'État.**

Mais, dira-t-on, peut-être n'est-il aucun cas extraordinaire où, pour le salut de l'Etat, l'action constitutionnelle et régulière des lois ne puisse être momentanément suspendue ? Non, aucun : cette suspension des lois, cette sorte d'interdit jeté sur toute une nation, dans des conjonctures difficiles, serait un remède mille fois pire que le mal. Quoi, c'est votre incurie ou le relâchement de la justice (il n'y a pas d'autres causes de périls pour les gouvernements) qui ont suscité vos embarras, et vous voudriez briser les lois pour les surmonter! vous vous priveriez de votre force constitutionnelle lorsqu'elle vous est le plus nécessaire! vous ressembleriez à un homme qui jetterait son argent dans la rivière parce qu'il craindrait de n'avoir pas de quoi payer ses dettes.

Il n'est donc aucune circonstance, absolument aucune qui puisse motiver l'interruption de l'action permanente et régulière des lois. Le principe de l'interruption une fois admis, ou reconnu en fait, il n'y aurait plus de stabilité possible, plus de fixité en rien, tout serait comme frappé de mort ou menacé de destruction. L'Etat deviendrait la proie des anarchistes et des factions qui croient toujours qu'il y a péril public, tant qu'elles ne sont pas assouvies.

Un Etat où l'action de la loi est forte, précise, continue, universelle, ne connaît point d'obstacles ni de séditions, ou n'en connaît que d'assez misérables pour que la loi suffise sans peine à les réprimer.

Il y a des cas, dit Montesquieu, où la puissance doit agir dans toute son étendue ; il y en a où elle doit agir par ses limites. Le sublime de l'administration est de bien connaître quelle est la partie du pouvoir, grande ou petite, que l'on doit employer dans les diverses circonstances [12].

Ainsi, il faut nécessairement s'en tenir à ce principe d'éternelle justice : dans un gouvernement légalement constitué, les Coups d'Etat sont impossibles, car Coups d'Etat ou dissolution de l'Etat y sont absolument même chose.

Cette doctrine est d'une incontestable évidence.

[12] *Esprit des Lois,* Liv. XII, ch. xxv.

## IX.

### Incompatibilité des Coups d'État.

Si l'on pouvait mettre en doute que les Coups d'Etat sont incompatibles avec la nature du gouvernement constitutionnel, il ne faudrait que réfléchir à deux faits caractéristiques des Coups d'Etat tentés à diverses époques, et spécialement depuis 1789 ; c'est 1° que l'on s'est toujours cru obligé de les motiver, ce qui est contre l'essence de l'arbitraire ; 2° que les motifs exprimés ou connus, conduisaient droit à l'absurde, et cela même était un affaiblissement plutôt qu'une aggravation du mal.

On aime à prouver aux hommes qu'une excessive propension, qu'un funeste amour-propre entraîne incessamment vers l'arbitraire, qu'ils ne sauraient blesser la justice sans faire violence au sens commun.

Ceux qui peuvent vouloir ou conseiller des Coups d'Etat, sont ou des insensés ou des ennemis des lois.

Clotaire Ier les avait en vue quand, dans son *Or-*

*donnance générale*, donnée vers l'an 560, il dit :

« Les ordres qui auraient été *surpris* de Nous
» pour opposer notre autorité à celle de la Loi,
» seront *de nulle valeur*.

» Voulons que toute autorité conforme à la Jus-
» tice et à la Loi, soit à tous égards *inébranlable*,
» et ne puisse être postérieurement détruite par
» autre autorité suscitée contre la Loi [13]. »

Un seul Coup d'Etat porté, à quelque époque que ce puisse être, autorise à en appréhender d'autres.

Un régime de violence ne se soutient que par la violence.

C'est une alliance monstrueuse que la terreur dans le fait et la sécurité dans le droit.

Tout Coup d'Etat est une insigne trahison, parce qu'un Coup d'État est une violation flagrante de toutes les règles et de tous les principes reçus.

Sous un gouvernement dont l'essence est que son action soit entièrement réglée par la loi, toute violation de la loi est un Coup d'Etat.

Toute infraction aux règles ordinaires de la justice, est un Coup d'Etat.

Les moindres atteintes à la liberté des personnes et des biens, sont autant de Coups d'Etat.

[13] Baluze, T. I, fol. 7.

Dans cette extrémité, il faut ou que la loi fasse raison de l'arbitraire, ou que l'arbitraire dévore la loi ; il n'y a point de milieu : leur accouplement enfanterait la ruine de tout principe d'équité, de toute morale, de toute justice, de toute confiance, de toute certitude, de toute vérité, de tout droit.

## X.

### Épilogue.

On comprendra peut-être un jour plus généralement, l'efficacité du gouvernement du pays par le pays ; c'est-à-dire par l'action simultanée et constitutionnelle des trois pouvoirs sagement pondérés entre eux.

Le bienfait du gouvernement mixte est de fonder la politique dans la morale, dont elle est dérivée, et dans le respect de l'humanité.

La morale et l'humanité ne pourraient recevoir de blessures plus profondes que d'un fantôme du pacte constitutif ou fondamental à l'ombre duquel l'arbitraire marcherait triomphant.

Lorsque les lois fondamentales d'une nation

n'ont pas un caractère bien positif, lorsque les attributions des différents pouvoirs sont confuses et indécises, il est plus aisé de dissimuler les modifications et de colorer les empiétements; mais quand les lois constitutionnelles sont écrites et qu'elles forment un code connu de tous; lorsque les pouvoirs sociaux sont divisés, réglés, limités avec précision, les moindres dérogations, les plus petits envahissements sont sur-le-champ aperçus. On ne peut abroger furtivement les lois établies et détruire à petit bruit les institutions existantes [14].

Le despotisme déclaré, quelque dégradant qu'il soit, peut encore donner de la gloire à quelques hommes; c'est moins, sous certains rapports, une extension qu'un déplacement du pouvoir, un accaparement, une concentration fortuite de la puissance nationale. Tandis que le despotisme furtif, réprouvé par les lois divines et humaines, forcé de se réfugier dans la puissance de fait avec une intensité égale à l'obstacle qui entrave son envahissement, est pour l'homme la combinaison la plus flétrissante, la plus intolérable qu'il soit possible d'imaginer.

Il est vrai qu'en certaines conjonctures, les courtisans et les favoris de princes, trop souvent aveu-

[14] M. Duvergier, ouvrage cité.

glés sur le bien comme sur le mal qu'ils conseillent, semblent, à l'envi les uns des autres, provoquer des Coups d'Etat ; leurs voeux insatiables ne connaissent d'autre alternative que la chance précaire de tout risquer ou de tout gagner ; mais tel n'est point l'intérêt des monarques, tel n'est point le devoir des véritables hommes d'État, tel n'est pas non plus l'avantage des plus humbles citoyens : car sous le chaume comme sous le dais, il faut la garantie de sa personne, de ses biens et de ses droits. « La puissance du prince, comme l'a dit l'auteur » *de Legibus angliæ,* n'est que la puissance de la » loi [15]. »

[15] *Voir* la lettre *C* de l'*Appendice*.

# APPENDICE.

# APPENDICE.

## A.

(RENVOI DE LA PAGE 81.)

**Formulaire adopté par l'assemblée du Tiers-État, durant la tenue des États-Généraux de 1614—1615.**

« La reine s'était engagée par le Traité de Sainte-Menehould, à convoquer les Etats-Généraux. Ils furent effectivement assemblés à Paris, le 27 octobre 1614. Le cardinal Du Perron y assista, et il y donna des preuves éclatantes de son zèle outré pour la doctrine ultramontaine, qui ont flétri son nom chez tous les bons Français.

» Le Tiers-Etat, moins ambitieux pour l'ordinaire que le clergé, et plus instruit que le second ordre de l'Etat, se proposa de dresser un Formulaire, où les Etats signaleraient leur zèle contre la doctrine qui semblait autoriser les fanatiques à tremper leurs mains dans le sang des Princes qu'ils ne croyaient pas orthodoxes. Il y était excité par les exemples récents des deux assassinats commis contre les personnes sacrées de nos rois, dont l'un avait presque causé la destruction de la France, et l'autre avait rempli le royaume de la plus grande consternation, et avait fait craindre le renouvellement de tous les malheurs qui avaient désolé la France.

» Voici ce célèbre article, tel qu'il fut proposé par le Tiers-Etat aux deux autres :

« Que pour arrêter le cours de la pernicieuse doctrine qui » s'introduit depuis quelques années contre les rois et puis- » sances souveraines établies de Dieu, par esprits séditieux, qui » ne tendent qu'à les troubler et subvertir, le roi sera supplié de » faire arrêter en l'Assemblée de ses Etats, pour Loi fondamen- » tale de son royaume, qui soit inviolable et notoire à tous, » que comme il est reconnu souverain de son Etat, ne tenant sa » couronne que de Dieu seul, il n'y a puissance en Terre, » quelle qu'elle soit, spirituelle ou temporelle, qui ait aucun » droit sur son royaume, pour en priver les personnes sacrées » de nos rois, ni dispenser ou absoudre leurs sujets de la fidé- » lité et obéissance qu'ils lui doivent, pour quelque cause ou » prétexte que ce soit. Que tous les sujets, de quelque qualité » qu'ils soient, tiendront cette Loi pour sainte et véritable, » comme conforme à la parole de Dieu, sans distinction, équi- » voque ou limitation quelconque, laquelle sera jurée et signée » par tous les députés des Etats, et d'ores en avant par tous les » bénéficiers et officiers du royaume, avant que d'entrer en » possession de leurs bénéfices, et d'être reçus en leurs offices, » tous précepteurs, régents, docteurs et prédicateurs, tenus de » l'enseigner et publier. Que l'opinion contraire, aussi bien que » celle qui permet de tuer et de déposer les rois et de se ré- » volter contre eux pour quelque raison que ce soit, est impie, » détestable, contre vérité et contraire à l'établissement de la » monarchie française, qui ne dépend immédiatement que de » Dieu seul. Que tous les livres qui enseigneront telles fausses

» et perverses opinions, seront regardés comme séditieux et » damnables. Que tous les étrangers qui l'écriront, ou publie» ront, seront censés ennemis jurés de la couronne. Que tous » les sujets du roi qui l'embrasseront, de quelque qualité et » condition qu'ils soient, seront punis comme rebelles, in» fracteurs des lois fondamentales du royaume, et criminels de » lèze-majesté au premier chef. Que s'il se trouve aucun livre » ou discours écrit par un étranger ecclésiastique ou religieux, » qui contienne des propositions directement ou indirectement » contraires à ladite loi, les ecclésiastiques ou religieux du » même ordre établi en France, seront obligés d'y répondre, les » impugner et contredire incessamment sans aucun égard, sous » peine d'être punis comme fauteurs des ennemis de l'Etat.

» Et sera le présent article lû par chacun an, tant aux Cours » souveraines, qu'aux Bailliages et Sénéchaussées du royaume, » à l'ouverture des audiences, pour être gardé et observé avec » toute sévérité et rigueur [1]. »

« Il semblerait qu'un pareil Formulaire aurait dû plaire à tous les honnêtes gens, affectionnés pour le bien de l'Etat. Cependant il déplut fort au clergé, soit que dans ce corps il y eût des ecclésiastiques malintentionnés, soit qu'ils crussent que le Tiers-Etat voulait entreprendre sur le droit que l'Eglise a de faire des décisions sur les matières qui ont rapport à la religion.

» Quoi qu'il en soit, le dernier jour de décembre de l'an 1614 [2], le cardinal Du Perron, assisté des archevêques de Lyon et d'Aix, de plusieurs évêques et députés du second ordre, alla en la chambre de la noblesse, pour la détourner de donner son con-

[1] Vassor, t. I, p. 12. — *Rec. des pièces touchant le P. Jouvency*, p. 348.

[2] *Mercure françois*, p. 263.

sentement à cet article proposé par le Tiers-Etat. Il parla pendant trois heures et il persuada la noblesse [3].

» Le 2 janvier suivant, il se rendit à la chambre du Tiers-Etat, accompagné (*de douze*) des députés de la noblesse (*pris dans les douze gouvernements du royaume, afin d'autoriser les paroles de leur présence*). Il y parla fort longtemps pour l'engager à se désister de l'empressement qu'il témoignait pour la publication de son Formulaire. Mais il ne trouva pas autant de docilité dans le Tiers-Etat, qu'il en avait trouvé auprès de la noblesse.....

» Mais si le clergé fut content de la harangue du cardinal, le Tiers-Etat en fut très-scandalisé. Miron, qui en était président, répondit avec chaleur que le Tiers-Etat, qui représentait le corps des officiers et des compagnies souveraines, ne changerait point de sentiment ; qu'il ne prétendait pas toucher à la puissance spirituelle du pape, que son intention n'était que de maintenir l'indépendance de la couronne, et d'obliger tous les sujets du roi à la reconnaître. Cette réponse produisit une altercation assez vive entre le cardinal et Miron [4].

» La dispute occasionna un arrêt du Parlement, qui sur les remontrances des gens du roi, Louis Servin, Mathieu Molé et Cardin le Bret, rendit un arrêt, le 2 janvier 1615, contre la doctrine qui favorisait les opinions ultramontaines. Le clergé le trouva mauvais, et en porta ses plaintes en cour. Le cardinal Du Perron prétendait qu'il fallait garder le silence sur ces matières, et regarder comme non avenu tout ce qui venait de se

[3] Le Pape en écrivit un bref de remercîment au cardinal, dans lequel le Formulaire proposé dans les Etats est traité de détestable. (De Burigny, *Vie du cardinal Du Perron*. Paris, De Bure, 1768, in-12, p. 337.)

[4] *Mercure françois*, p. 323 et 326.

passer. Le roi (*c'est-à-dire la régente*), embrassant cette idée, rendit un arrêt le 6 janvier, par lequel il évoquait à lui cette contestation, et faisait défense aux Etats d'entrer en aucune nouvelle délibération sur cette matière [5].

» Cet arrêt mécontenta tous les partis. Le Tiers-Etat se plaignait que le ministère avait trop de complaisance pour le clergé. Le clergé, de son côté, députa vers M. le chancelier, pour demander la suppression de l'article proposé par le Tiers-Etat, et faire défense au Parlement de jamais délibérer sur ces matières qui avaient rapport à la doctrine de l'Eglise. Le chancelier répondit, que le clergé devait être content, qu'on ne pouvait pas faire davantage pour le présent. »

« Quelque temps après, le 13 juin 1616, l'édit de Loudun, c'est-à-dire le traité entre la reine et le prince de Condé, fut vérifié en Parlement. Il y fut stipulé (art. 5) que l'arrêt du conseil du 6 janvier 1615, portant surséance au sujet de la dispute sur le serment proposé par le Tiers-Etat, serait regardé comme non avenu [6]. »

(De Burigny, *Vie du cardinal Du Perron*, pp. 319, 328, 338, 339, 340, 341 et 342.)

[5] *Mercure françois*, p. 330 et 339.
[6] *Ibid.*, p. 92.

## B.

(RENVOI DE LA PAGE 94.)

### Origine du Parlement.

Le Parlement était dans l'origine l'*Assemblée de tous les hommes libres* (Placitum conventùs), cette assemblée avait lieu au Champ-de-Mars, dès le temps de Clovis, et au Champ-de-Mai, sous Pépin.

Il y avait ainsi tous les ans une assemblée de la nation appelée *Placité général,* où tous les hommes libres étaient indistinctement admis, et où se réglaient les affaires générales de l'année. Tous les mois il se tenait une assemblée intermédiaire, nommée *Placité particulier,* où le roi, de concert avec les grands, les évêques et autres, ses conseillers, réglaient les affaires courantes, et préparaient les matières à soumettre au Placité général.

Ce n'est pas que ces tenues régulières de Parlements ou Placités généraux, ne fussent jamais interrompues : les croisades, les guerres publiques et privées, les suspendirent plus d'une fois : mais quand l'ordre public était rétabli, ou que les croisades, si fréquentes dans le XIIe et le XIIIe siècle, n'enlevaient plus à la France ses barons et ses hommes libres, l'ordre légitime reprenait aussitôt son cours, et la tenue des Parlements recommençait.

Peu à peu le Placité général fut composé de moins de personnes, et insensiblement il arriva que ceux qui le composèrent, étaient précisément les mêmes qui formaient le Placité particulier; de sorte que les deux assemblées se trouvèrent confondues et réunies.

Cette confusion advint principalement lors de la décadence de l'autorité royale sous la faible postérité de Charlemagne.

Il n'y eut plus que les barons du royaume, c'est-à-dire, ceux qui tenaient les terres immédiatement du roi, qui restèrent obligés envers lui au double service de le suivre à la guerre et d'assister aux jugements de la COUR DU ROI.

Tous les autres seigneurs qui se trouvèrent relever des ducs et des comtes, ne furent plus considérés que comme barons de leurs suzerains particuliers, et ils remplirent envers ceux-ci le même service dont les suzerains eux-mêmes étaient tenus envers le roi.

C'est alors que tous les hommes libres cessèrent d'être pairs (*pares*); il n'y eut plus d'autres pairs, relativement à la cour du roi, que les seuls barons du roi, nommés par distinction, tantôt les barons du royaume, tantôt les pairs de France.

A l'époque de la loi appelée *les Etablissements* (*de saint Louis*), la consistance du Parlement était telle que pour aider les barons qui la plupart ne savaient pas lire, et qui n'entendaient rien au nouveau droit, Louis IX leur adjoignit quelques jurisconsultes, les plus célèbres et les plus estimés qu'il y eût alors.

En admettant ainsi au Parlement des *lettrés* qui n'avaient plus d'autre titre que celui d'homme libre, saint Louis ne fit que les réintégrer dans leur droit originaire, et les associer légitimement à des prérogatives indûment usurpées par les seuls barons; néanmoins la morgue seigneuriale en fut offensée. Les nouveaux venus furent seulement admis à rapporter les procès et non point à les juger ; la bizarrerie fut même poussée au point que les lettrés, appelés dès lors *maîtres*, siégèrent *en robe*, tandis que les barons, appelés *nos seigneurs*, siégèrent *en épée*.

Cette lutte entre la science et l'ignorance, eut le sort qu'elle devait avoir ; les conseillers rapporteurs furent bientôt l'âme et le principal mobile de la cour judiciaire ; elle acquit presque aussitôt une telle réputation de sagesse et d'équité, qu'en 1244, l'empereur Frédéric II et le pape Innocent IV, soumirent volontairement à son jugement le différend qu'ils avaient ensemble, au sujet du royaume de Sicile.

En 1302, Philippe IV, dit le Bel, donna cette ordonnance célèbre dont l'art. 62 porte : « Pour l'utilité de nos sujets et » l'expédition des affaires, nous nous proposons de régler les » choses de manière que chaque année il y aura deux tenues » de Parlement à Paris, deux échiquiers à Rouen, deux grands » jours à Troie, et qu'il y aura une tenue de Parlement à Tou- » louse, comme on le faisait il y a quelques années, si les gens » de cette terre consentent qu'il n'y ait point d'appel de ceux » qui présideront ce Parlement. »

Cette ordonnance fut suivie de lettres patentes de l'an 1303, par lesquelles le Parlement, d'ambulatoire qu'il était, fut rendu sédentaire à Paris.

Huit points essentiels ressortent de cette époque mémorable :

1° Le Parlement n'était pas permanent ; il ne s'assemblait pas de plein droit, mais seulement en vertu de lettres patentes (de convocation), lesquelles étaient renouvelées tous les ans.

2° Sauf les hauts barons, au nombre de douze seulement, les membres du Parlement n'étaient pas perpétuels, mais, au contraire, renouvelés au choix du roi, et, à cet effet, la liste de ceux qui devaient le composer était annexée tous les ans aux lettres patentes.

3° Le Parlement composait alors deux chambres ; l'une appelée la chambre de la *langue d'ouil*, pour le pays *coutumier ;* l'autre appelée la chambre de la *langue d'oc*, pour les contrées de *droit écrit.*

4° Les peuples de ces contrées étaient si contents de la chambre qui les jugeait, qu'ils ne voulurent point d'autre cour souveraine. Ce ne fut qu'en 1443, sous Charles VII, que le Parlement de Toulouse fut définitivement établi.

5° Les grands jours de Troie étaient ceux établis par les comtes de Champagne, aux droits desquels Philippe-le-Bel se trouvait par son mariage avec Jeanne, fille unique et seule héritière de Henri III, dit le Gros, dernier comte de Champagne. Ce furent les députés du Parlement de Paris qui allèrent tenir ces grands jours.

6° L'échiquier était la cour souveraine établie par Rollon ou Raoul, premier duc de Normandie, pour se tenir deux fois l'an, au commencement du printemps, et au commencement de l'automne ; chaque séance (ou session) durait trois mois, et se tenait alternativement à Rouen, à Caen et quelquefois à Falaise ; tous les notables du pays étaient membres nés de cette cour ; ils devaient être au moins douze pour juger.

Philippe-Auguste, en confisquant la Normandie et en la réunissant à la France (au préjudice de Jean-sans-Terre, privé par arrêt des pairs, de toutes les terres qu'il avait en France, à cause du meurtre de son neveu Artus, duc de Bretagne), avait promis de conserver la justice souveraine du pays.

Louis XII, en formant, deux siècles après, une cour souveraine à Rouen, ne fit que rendre l'échiquier perpétuel et sédentaire, sous le nom de Parlement qu'il ne prit toutefois qu'en 1515.

5.

7° Le Parlement de Paris eut alors deux sessions fixes, chacune durait deux mois ; l'une commençait à la Toussaint, l'autre à Pâques : on les nommait le *Parlement d'hiver*, et le *Parlement d'été*.

8° La juridiction du Parlement embrassait alors toutes les causes.

Ce ne fut qu'en 1313 que la Chambre des Comptes fut créée, et plus tard la Cour des Monnaies et la Cour des Aides.

## C.

(RENVOI DE LA PAGE 102)

### Des Intrigues de Cour.

« Depuis que l'étude de l'histoire s'est accrue et perfectionnée par celle des mémoires particuliers, on a vu trop souvent combien d'événements funestes, pour un grand Etat, avaient pris leur origine dans des intrigues de cour, quelquefois même des plus petites. Le souverain doit être justement offensé quand il se voit exposé à donner dans des piéges de cette espèce. Il en doit être offensé pour lui-même, parce qu'il est humiliant de voir autour de lui des hommes qui se sont crus assez adroits pour le tromper. Ils n'auront pas réussi, il est vrai ; mais ils l'ont tenté, ils l'ont espéré, et cette tentative, cet espoir sont autant d'insultes faites à la majesté royale et à la personne du souverain. Il doit être encore plus offensé pour le bien général, dont il est dépositaire, et auquel ces intrigues ont fait ou préparé un tort qu'il ne peut effacer trop tôt et trop publiquement ; trop tôt, en les éloignant sur-le-champ de la cour, et leur ôtant les grâces qu'ils auraient pu avoir reçues; trop publiquement, en annonçant hautement leur disgrâce, et les motifs qui la leur ont attirée. Cette annonce publique, faite avec une juste et noble sévérité, est en même temps une grande leçon et un grand exemple de morale publique. Elle intimide les intrigants subalternes qui croyaient s'élever par des moyens dont la malheureuse issue les déconcerte. Je ne dirai peut-être pas qu'elle change le fond de leur cœur, parce que ces hommes-là sont presque toujours faux ou vils, mais elle les arrête dans leur marche tortueuse, et peut souvent la mettre à découvert.

» Toutes les intrigues de ce genre sont d'autant plus punissables, que leurs premiers fils sont difficiles à apercevoir et à saisir. Les opérations les mieux combinées du gouvernement peuvent toujours présenter quelques points plus aisés à attaquer, au moins par des prétextes, et c'est contre ceux-là que l'esprit d'intrigue ne manque pas de diriger ses batteries. Par là, il se donne l'apparence de travailler pour le bien public, lorsque, dans le fait, il ne travaille que pour des intérêts particuliers. Cet esprit est surtout à craindre dans les premières années d'un gouvernement nouveau qui succède à plusieurs années de révolution, et qui, n'ayant pas encore pris dans sa marche toute l'assurance qu'il devrait avoir, offre, dans ses oscillations, des espérances de trouble à ceux qui en recherchent les occasions. C'est pour cela que, lorsqu'il a surpris et détruit ces coupables espérances, il ne doit jamais leur pardonner.

» Richelieu, qui avait passé tant d'années au milieu de toutes les intrigues, toujours dirigées contre lui, et dont plusieurs fois il avait failli être la victime, recommande à Louis XIII de ne point les tolérer, et place cette juste intolérance au nombre des qualités nécessaires à un grand monarque. Son habitude des affaires et l'étude qu'il avait faite des hommes, l'avaient convaincu que ceux qui s'adonnent à cet esprit d'intrigue ne se corrigent jamais, et qu'ils sont toujours à craindre, tant qu'ils ne sont pas réduits à l'impuissance d'agir. Il avait remarqué que les intrigues les plus dangereuses sont celles qui partent de plus bas, lorsque les personnes plus élevées en dignité se sont abaissées jusqu'à faire commencer par des personnages inférieurs ce qu'ensuite elles se promettaient bien de continuer et d'achever. Et certes, Richelieu avait bien raison; car, en pareil cas, le véritable intrigant, le chef de l'intrigue, commet un acte bas et vil en faisant attacher les premiers fils par des hommes obscurs, qu'il croira ensuite pouvoir abandonner ou désavouer.

» Dans le dernier chapitre de son *Testament politique*, le cardinal de Richelieu rassemble, dans un même cadre, toutes les obligations qui doivent remplir le souverain et ses ministres. Chacune des phrases de ce chapitre contient une leçon qui ne peut être trop méditée; chacune annonce un des devoirs imposés, dans l'ordre de la Providence comme dans l'ordre de la nature, à celui qui gouverne comme à ceux dont il se sert pour gouverner. Je dis les *devoirs*, car il se sert de ce mot, et non de celui de *droits;* et cette distinction renferme un grand sens, dont il est nécessaire de se pénétrer.

» Le souverain, l'homme qui en gouverne d'autres, c'est-à-dire celui que la Providence a chargé de faire leur bonheur, cet homme, à proprement parler, n'a point de droits ; il n'a que des devoirs. Ce qu'on appelle habituellement *ses droits* ou ses *prérogatives* n'est que la faculté d'employer les moyens nécessaires pour remplir *ses devoirs*. S'il omet d'user de cette faculté, il omet de faire le bien qu'il était obligé de faire ; s'il use de cette faculté pour autre chose que pour le bien qu'elle le mettait à portée de faire, il commet une double faute : la première, en négligeant de faire ce qu'il pouvait et ce qu'il devait ; la seconde, en faisant ce que son devoir ne lui permettait pas. De là, deux genres de fautes pour le souverain et ses ministres : faute négative dans ce qu'ils ne font pas ; faute positive dans ce qu'ils font. Cette distinction, si simple et néanmoins si vraie, établit irrévocablement la ligne de *leurs devoirs*, que je consens à appeler *leurs droits*, si l'on consent à donner à ce mot le seul sens raisonnable qu'il puisse avoir, et que je lui donne ici.

» Il n'appartient ni au souverain ni aux ministres de sortir de cette ligne pour se tenir en deçà ou au delà. En deçà, ils ne l'atteignent point ; au delà, ils l'outrepassent. De ces deux fautes, l'effet sera toujours nuisible au bien public : dans le premier cas, ils ne se servent point de l'autorité ; dans le second, ils en abusent : dans tous deux, le bien public, placé sous l'égide de l'autorité royale, ne peut que souffrir de sa nullité ou de son excès. S'il fallait absolument choisir entre ces deux dangers, je préférerais encore le dernier. Il est plus facile de faire redescendre sur la ligne des devoirs l'autorité qui l'a dépassée, que d'y faire monter celle qui ne l'a pas encore atteinte. Et cela est vrai, surtout aujourd'hui dans nos nouvelles habitudes, qui ont reçu de la révolution la force d'une antiquité précoce ; dans nos opinions morales et politiques, auxquelles il est bien plus facile de s'abandonner que de les attaquer, même avec une bonne intention. »

(*Testament politique* de M. le comte Ferrand, ch. xvii. *Principes généraux :* 12° et 18°.)

FIN.

# INDEX GÉNÉRAL.

FIN DE LA TABLE.

www.ingramcontent.com/pod-product-compliance
Ingram Content Group UK Ltd.
Pitfield, Milton Keynes, MK11 3LW, UK
UKHW021150260726
13994UKWH00001B/365